Irene Gartner

Die erwachten Acht

NEU LEBEN – Der Eintritt in ein neues Bewusstsein

AF667452

Irene Gartner

Die erwachten Acht

NEU LEBEN – Der Eintritt in ein neues Bewusstsein

Rediroma-Verlag

Bibliografische Information der Deutschen Nationalbibliothek:
Die Deutsche Nationalbibliothek verzeichnet diese Publikation in der Deutschen Nationalbibliografie; detaillierte bibliografische Daten sind im Internet über http://portal.dnb.de abrufbar.

ISBN 978-3-98527-114-6

Copyright (2021) Rediroma-Verlag

Alle Rechte beim Autor

www.rediroma-verlag.de
12,95 Euro (D)

Inhalt

Einleitende Worte

Ähnlich wie Leona, die frisch gebackene Autorin in diesem Buch, die sich irgendwo zwischen Science-Fiction und Spirituellem bewegt, kann auch ich das von mir gewählte Genre nicht näher bestimmen. Zunächst entstand eine Art „bewusstseinsbildendes Sachbuch". Dabei lag es mir fern, ein weiteres von tausenden spirituellen oder esoterischen Ratgebern zu schreiben. Sowohl *spirituell* als auch *esoterisch* sind für mich Begriffe, deren ursprüngliche Bedeutung sich im Laufe der Zeit nicht unbedingt zum Besten verändert hat. Es geht mir nicht darum, Methoden, Techniken oder sonstige Wege zur Persönlichkeitsentwicklung aufzuzeigen. Es gibt nichts zu tun, es geht ums Sein, um ein neues Bewusst-Sein. Es geht darum, das Leben zu genießen.

„Der Sinn des Lebens ist leben, das war's."
(Casper, Pinterest, verswand.com)

Während des Schreibens bekam ich plötzlich Lust, Geschichten zu erzählen und kurze Einblicke in das Leben verschiedener Menschen in unterschiedlichen Ländern zu geben, die eines miteinander verbindet: das Erleben des ersten *Shutdowns* im März 2020. Alle acht beginnen durch eine mehr oder weniger bewusst gewonnene Erkenntnis, NEU ZU LEBEN. Die Protagonisten finden den Weg zu sich selbst und entdecken, wie wunderbar sie eigentlich sind, wie schön und leicht das Leben sein kann und dass alles einen Sinn hat. Wie durch die Fäden eines riesengroßen Mobiles sind alle miteinander verbunden, und so schließt sich bei Anna der Kreis. In der achten und letzten Geschichte werden alle Charaktere noch einmal kurz eingewoben, um zu verdeutlichen, dass alles eins ist.

Das Jahr 2020 hat uns alle verändert! Einige von uns wurden lediglich ein bisschen wachgerüttelt, andere regelrecht ausgebremst, und dann gibt es die, die bereits wissen, wie es geht, das NEUE BEWUSST-SEIN!

Ich darf Dich, lieber Leser, an dieser Stelle mit „Du“ ansprechen, da ich auf diese Weise Dein Herz besser erreichen kann. Die Sprache der Seele kennt bekanntlich keine Höflichkeitsform und verzichtet auf jegliche Etikette. Aus Gründen des besseren Schreibflusses verzichte ich auf jede Form des Genderns und hoffe sehr, dass auch Dir das Lesen dadurch leichter fällt. Der Neuen Erde ist es ohnehin völlig egal, ob wir Männlein oder Weiblein sind. Wir alle sind eins.

Weiters sei es Dir freigestellt, auf welche Art Du dieses Buch lesen willst: Ob Du Dich dazu entscheidest, erst die eine oder andere Geschichte zu lesen, die Sachteile nur überfliegst, oder Dir zuerst alle „theoretischen“ Kapitel zu Gemüte führst, um dann in die Geschichten abzutauchen, ob Du einmal weiter hinten, dann wieder weiter vorne liest oder alles der Reihenfolge nach, sei ganz Dir überlassen.

Die spirituelle Kraft eines *Mantras* (aus dem indischen *sanskrit* übersetzt: Spruch, Lied, Hymne) manifestiert sich erst durch repetitives Rezitieren im Diesseits. Auch ich setze auf das Stilmittel der Wiederholung. So werden einerseits die von den Protagonisten gemachten Erfahrungen in den Sachteilen näher erläutert, andererseits erlangen viele der „theoretischen“ Themenbereiche erst in den Erzählungen besseres Verständnis, indem deren Umsetzbarkeit in die Praxis veranschaulicht wird. Eine persönliche Empfehlung meinerseits ist es, mit Anna erst dann Bekanntschaft zu machen, wenn Du alle anderen Charaktere bereits kennengelernt hast und Annas Geschichte auch den Abschluss sein lässt.

Es freut mich sehr, dass Du Dich einlässt auf etwas Neues, dass Du neugierig und mutig genug bist, gemeinsam mit vielen anderen Menschen auf die Reise zu gehen: die Reise in ein NEUES BEWUSSTSEIN. Viel Spaß beim Genießen Deines NEUEN LEBENS.

Es hat bereits begonnen!

Auftakt

Tempo raus – STOP!
Alles ist auf einmal anders:
entschleunigt und still!
Ich habe eine Entscheidung getroffen
und mache mich auf die Reise –
voller Neugierde und Tatendrang
und voller Vorfreude auf etwas Neues!
Ich bin bereit,
ausgetretene Pfade des Gewohnten zu verlassen,
neue Wege zu säumen,
und Menschen neu zu begegnen.

Ich wache jeden Tag auf, strecke mich, spüre meinen Herz-
schlag und beobachte meinen Atem.
Ich habe keine Ahnung, was der heutige Tag bringen wird,
aber ich weiß eines:
Ich habe das Beste verdient!
Es gibt nichts zu tun!
Ich bin die Mitte meines Lebens!
Mir verschlägt es den Atem vor Glück!

Giorgio sitzt auf dem kleinen Balkon, dessen Geländer den grünen Anstrich nur mehr erahnen lässt, während ihm seine Frau wie jeden Tag, den er nun auch während der Woche bei ihr zu Hause ist, seinen nachmittäglichen Espresso serviert. Die zarte Tasse in seiner kräftigen Hand haltend, beugt er sich beiläufig über das Balkongeländer und blickt hinunter zum *Canale di Cannaregio*. Und da: ein Schatten, zwei – was schillert dort im Wasser? Da der Gondoliere seinen Augen nicht traut und zunächst das Glitzern auf und unter der Wasseroberfläche im Lichtspiel der Sonne begründet, ruft er seine Frau, die inzwischen wieder in der Wohnung verschwunden ist. Er deutet nach unten und schreit: „Siehst du das auch?" Stefania ist sich zunächst nicht sicher, was ihr freudig aufgeregter Mann meint, sie konzentriert sich erneut auf die Wasseroberfläche – und da: ein sich fortbewegendes Schillern, mehrere aneinandergereihte, im Sonnenlicht blitzende Punkte. Anfängliche Fassungslosigkeit macht kindlicher Freude Platz, als sich die beiden sicher sind: Es schwimmen Delfine in den Kanälen der Lagunenstadt!

VOM GLÜCK

„Es gibt keinen Weg zum Glück. Glücklich sein ist der Weg.“
Buddha

„Der Sinn des Lebens ist, glücklich zu sein.“
Dalai Lama

„Glücklich allein ist die Seele, die liebt.“
Johann Wolfgang von Goethe

„Wer glücklich ist fühlt, wer unglücklich ist denkt.“
Erhard Blanck

„Glück ist die Freiheit, einfach so zu sein wie wir sind.“
Textzeile aus dem Song *Liebe* der deutschen Band *Berge*

Die Fähigkeit uns selbst und andere möglichst bedingungslos zu lieben, ist wohl eine der schönsten Definitionen des Glücks und eine der wundervollsten Arten, Glück zu empfinden.

Wenn der Sinn des Lebens darin besteht, glücklich zu sein, warum ist es für viele von uns so schwer, einfach nur die Dinge zu tun, die uns glücklich machen? Tief in unseren Herzen finden wir Glück, wir müssen es nur zulassen. Unglücklich machen uns lediglich unglückliche Gedanken und die daraus resultierenden Gefühle. Glück ist in uns, Glück vereint uns, Glück hält uns zusammen.

Wir sind Glück!

Betrachten wir glückliche Menschen einmal näher, fallen uns laut Dr. Rolf Merkle (deutscher Psychologe und Psychotherapeut) folgende Dinge auf, die sie tun oder eben nicht tun:

- Sie machen ihr Glück nicht von äußeren Umständen, materiellen Dingen oder anderen Menschen abhängig.
- Sie suchen nicht ständig nach Lob und Anerkennung anderer.
- Sie umgeben sich mit positiven Menschen.
- Sie vergleichen sich nicht mit anderen.
- Sie lassen los, was nicht zu ändern ist.[1]

Die Suche im Außen

„Ich bin glücklich, wenn ich mir luxuriöse Kleidung und einen Urlaub auf den Malediven leisten kann, ein teures Auto fahre und über das neueste Freizeit- oder Sportequipment verfüge." All das sind materielle Umstände, die zum Glück eines Menschen beitragen können, doch sind sie nicht von Dauer und bedingen oft ein „noch Mehr von etwas" oder „wieder etwas Neues". Das Konsumverhalten und der Wirtschaftsgeist der westlichen Zivilisation, der Trubel der Geschäftigkeit und der Anspruch auf ein Immer-Besser-Immer-Schneller-Immer-Mehr machen es uns unmöglich, Glück überhaupt noch zu definieren. Aus dem Hamsterrad der Emsigkeit und einer geradezu zwanghaften Betriebsamkeit scheinen viele von uns nicht mehr herauszukommen. Die meisten von uns zählen offensichtlich zur Kategorie der Arbeitstiere, die leben, um zu arbeiten, und nicht zu den Genussmenschen, die arbeiten, um zu leben, oder besser gesagt leben, um glücklich zu sein.

Wir scheinen die Freude an unserer beruflichen Tätigkeit verloren zu haben, weshalb es nicht verwunderlich ist, dass wir glauben, unser Glück ausschließlich in unserer Freizeit finden zu können. Wir gehen am Montag in die Arbeit, um uns während der ganzen Woche schon aufs Wochenende zu freuen, und haben den wohlverdienten Urlaub als einziges Ziel vor Augen, als das vermeintlich helle Licht am Ende des finsteren Arbeitstunnels. Wir sind offenbar erst dann glücklich, wenn wir genügend freie Zeit zur Verfügung haben, um Dinge zu machen, die uns Freude bereiten. In den heiß ersehnten Sommerferien muss er dann her: der Urlaub mit Sonne, Strand und Meer! Endlich ist Erholung angesagt – doch schließlich heißt es auch im Urlaub: Funsport, Besichtigungstouren, Ausflüge.

Das Skurrile daran ist, dass wir nach dem Nichtstun lechzen, um dann der nackten Tatsache gegenüberzustehen, dass es uns sichtlich schwer fällt oder wir es komplett verlernt haben, einmal wirklich nichts zu tun.

Wieso meinen wir, unser Glücklichsein auf unsere freie Zeit beschränken zu müssen? Auf diese Weise bringen wir uns um all jene Glücksmomente, das das Leben per se in all seinen wundervollen Facetten zu bieten hat. Vor allem unser Beruf als ein meist großer Bestandteil unseres Lebens sollte uns im Idealfall erfüllen und glücklich machen. Voraussetzung dafür ist natürlich, dass wir eine Beschäftigung finden, die uns begeistert und in richtigem Maße fordert. Denn erst, wenn wir lieben, was wir tun, sind wir glücklich und obendrein gut in unserem Job! Wenn wir Tag für Tag immer wieder Freude an dem finden, was wir tun, und Kleinigkeiten unser Herz erwärmen, müssen wir uns nicht länger nach einer Auszeit sehnen.

Ein weiterer selbst erschaffener oder uns antrainierter Irrglaube besteht darin, dass wir erst glücklich sein „dürfen“, wenn wir etwas geleistet haben. Gewissermaßen als Belohnung nehmen wir uns dann ein Stück vom Glück. Dies gilt nicht nur in beruflicher Hinsicht. Erst wenn wir beispielsweise unsere Familienmitglieder gut versorgt wissen oder uns sportlich zu Genüge verausgabt haben, sind wir uns die wohl verdiente Auszeit wert – etwa in einem luxuriösen Wellnesshotel, in dem wir das ultimative Glückserlebnis dann in einer Massage oder einer Kosmetikbehandlung suchen und kurzfristig auch finden. Ja! Durchaus! Genießen wir die Freuden des Lebens und tun wir uns so oft wie nur möglich etwas Gutes! Und zwar auch dann, wenn wir nichts Besonderes geleistet haben! Die Reise nach Übersee, der Skiurlaub, das neue Mountainbike, die Jacke von Zalando, der Beautytag mit der Freundin, ein gutes Essen in einem noblen Restaurant oder ein neues Parfum sind durchaus wunderbare Möglichkeiten, um uns selbst eine Freude zu bereiten, uns glücklich zu machen. Sie tragen zu unserer psychischen und physischen Gesundheit bei und sind Ausdruck unserer Selbstliebe, dessen, was wir uns wert sind, und somit elementar für unser Seelenwohl.

Ohne den eben genannten Beispielen ihre Wichtigkeit abzusprechen und fern jeglicher Wertung verlangen jedoch auch folgende Tatsachen ihrer Bewusstmachung: Was auch immer uns diese glücklichen Momente beschert, es ist nicht von Dauer. Der traumhafte Urlaub lebt zwar in zarten Erinnerungen in uns weiter und auch ein neues Auto bereitet uns hoffentlich nicht nur am Tag des Kaufes Freude. Doch wir bekommen Lust auf mehr, da die

Wirkung langsam nachlässt, und wir suchen weiter. Unsere Suche nach dem Glück richtet sich dabei weiterhin nach außen, und schließlich bleiben wir nach wie vor im Tun verhaftet.

Wie befreiend wäre es also, ganz unabhängig von äußeren Umständen, bestimmten Menschen oder materiellen Dingen Glück zu empfinden?

Wie einfach wäre es, wenn das Glück jederzeit abrufbar wäre, wenn wir unser Glück sozusagen immer mit im Gepäck hätten, unabhängig von dem, was wir gerade tun, wo wir gerade sind oder wie viel Besitz wir bereits in unserem Leben angehäuft haben?

Wenn der Sinn des Lebens darin besteht, glücklich zu sein, wie Dalai Lama so schön sagt, sollten wir dann nicht eher versuchen, unser ganzes Leben zu einem reinen Glückserlebnis zu machen, anstatt permanent auf der Suche nach einzelnen Glück verheißenden Momenten zu sein?

Lob & Anerkennung

Des Weiteren machen wir unser Glück, unser Wohlbefinden und auch unser Selbstvertrauen sehr häufig vom Lob und der Anerkennung anderer abhängig. Den Leitsatz *„Eigenlob stinkt!“* können wir – ist er einmal antrainiert – leider nicht mehr so leicht aus unserem Unterbewusstsein verbannen. Er hindert viele von uns daran, zufrieden und stolz auf sich selbst zu sein. Schade, sind Selbstliebe, Selbstwert und Selbstvertrauen doch wichtige Tugenden, die so selten gelebt werden.

Wir wünschen uns Anerkennung von anderen und erhoffen uns, dass uns diese glücklich macht. Wir machen unser Wohlbefinden oft von der Meinung anderer abhängig und suchen krampfhaft nach Wertschätzung, weil wir nicht im Stande sind, sie uns selbst zu geben. Doch je mehr wir von anderen erwarten, desto weniger bekommen wir. Gehen wir mit dem bloßen Wunsch nach Anerkennung, einer Opferhaltung oder ähnlichen negativen Grundstimmung in eine bestimmte Situation, so kann uns im Gegenzug auch nichts Gutes erreichen. Denn: *„Wie man in den Wald hineinruft, so schallt es heraus."*

Erst wenn wir gelernt haben, uns selbst wertzuschätzen und uns in unserem Sein zu akzeptieren, können wir auch auf andere liebevoll zugehen. Uns selbst zu loben und uns symbolisch auf die Schulter zu klopfen, wenn wir stolz auf uns sind und das Gefühl haben, etwas richtig gemacht zu haben, hat nicht etwa mit Egoismus oder Einbildung zu tun. Nein, es zeugt von Selbstliebe und bestätigt in gewisser Weise auch die Fähigkeit, mit sich selbst glücklich zu sein, sich selbst genug zu sein. Wir verstreuen dann und wann ein ehrlich gemeintes Kompliment, schenken unserem Gegenüber ein Lächeln und behandeln unsere Mitmenschen liebevoll und mit Respekt. Warum? Weil es von Herzen kommt, wir einfach nicht anders können und nicht etwa deswegen, weil wir von anderen wertgeschätzt werden wollen. Unser Verhalten gründet einzig und allein auf unserer Authentizität und nicht auf unserer Erwartungshaltung. Uns erreichen im Gegenzug ein nettes Feedback und anerkennende Worte, und unser Lächeln wird tausendfach erwidert. Der Redensart gemäß haben wir nun positiv in den Wald hineingerufen, ebenso positiv schallt es dann heraus. Dies geht ganz klar aus dem Gesetz der Anziehung hervor (englisch: *law of attraction*), das in der Selbsthilfe- und Lebensberatungsliteratur die Annahme bezeichnet, dass Gleiches auch Gleiches anzieht. Anders ausgedrückt: *„Was ich aussende, kommt zu mir zurück."*

Gleiches zieht Gleiches an

Gute Gedanken erzeugen Glücksgefühle und ziehen Gutes und Glück in unser Leben. Spinnen wir diesen Gedanken einmal weiter, so können wir auch nur positive Menschen anziehen, wenn wir selbst mit einer positiven und offenherzigen Einstellung durchs Leben gehen. Sind wir glücklich, so umgeben wir uns auch mit glücklichen Menschen. Das geschieht ganz im Vertrauen darauf, dass Gleiches auch Gleiches anzieht.

Unsere Wahrnehmung und unsere Intuition lassen uns sehr gut unterscheiden, welche Menschen uns emotional gut tun und welche uns unglücklich machen und uns schwingungsmäßig „runterziehen". Wer kennt sie nicht, die Energievampire, die ewig Unzufriedenen, die Nörgler, die Zweifler dieser Erde und all jene Menschen, die sich aus ihrem Opferbewusstsein und ihrer selbst erschaffenen Problemtrance nicht befreien wollen? Wenn ständig alle anderen Schuld sind und wir selbst nicht fähig sind, Verantwortung für unser Denken, Fühlen und Handeln zu übernehmen, stehen wir uns selbst im Weg. Wenn wir selbst positiv und glücklich durchs Leben gehen, ziehen wir immer weniger negativ eingestellte und unglückliche Menschen an.

Die Aufgabe der Kontrolle

Genauso wenig, wie es uns auf Dauer glücklich macht, uns mit anderen beruflich, im sportlichen Bereich oder auch in privaten Dingen zu messen und uns permanent zu vergleichen, sollten wir auch den Anspruch loslassen, Umstände und Dinge im Außen krampfhaft ändern zu wollen, die wir nun mal nicht ändern können. Wie wäre es, wenn wir die Illusion der Kontrolle einmal aufgeben und stattdessen einfach einmal akzeptieren, was ist? Gewinnsucht, Machtkämpfe, Rechthaberei und Überzeugungsversuche werden plötzlich überflüssig. Sie kosten uns höchstens Kraft und Energie, machen uns aber nicht glücklich. Macht zu erlangen, Recht zu haben oder zu gewinnen, sind Methoden, die uns Sicherheit und Kontrolle vorgaukeln, in Wahrheit aber Triumphe sind, die einzig und allein unser Ego feiert.

Kosten wir doch endlich von der Erfahrung, wie erfüllend und einfach das Leben doch sein kann, wenn wir die Ansprüche unseres Verstandes loslassen und dabei einmal tief durchatmen.

Goodbye Mister Ego!

Es kristallisiert sich heraus, dass viele unserer Versuche, glücklich zu sein, zu werden und bestenfalls zu bleiben, immer dann zum Scheitern verurteilt sind, wenn sie von unserem Ego gesteuert werden. Unser Ego ist es, das für uns ständig auf der Suche ist – auf der Suche nach dem großen Glück. Doch sucht es ausschließlich im Außen und steht uns damit auf der Reise zu unserem inneren Glück wie ein Felsbrocken im Weg. Um herauszufinden, warum wir unserem Ego bewusst oder unbewusst immer noch derart viel Gewicht verleihen, möchte ich diesen Begriff kurz erläutern und ein paar Worte zu den „Spielchen“ verlieren, zu denen es uns nur allzu gerne verführt.

Hierfür stütze ich mich auf Ausführungen der Buchautorin und freischaffenden Künstlerin Andrea Leitold. *Ego* entspricht dem lateinischen Wort für Ich. In seiner psychologischen Bedeutung wird Ego definiert als das Selbst oder als die Vorstellung, die der Mensch in seiner Selbstwahrnehmung von sich hat. Ego kann aber auch als das Produkt all der Erfahrungen, die ein Mensch bereits in seinem Leben gemacht hat, betrachtet werden. Es setzt sich zusammen aus verschiedensten Persönlichkeitszügen und Launen, aus unbewussten Prägungen und Charaktereigenschaften, Neigungen und Abneigungen. Sprechen wir vom Ich, so meinen wir damit hauptsächlich dieses Sammelsurium an Eigenschaften.[2]

Mister Ego (von mir ohne bewusste Absicht als männlich personalisiert) spielt sich leider zu oft als unser „innerer Chef" auf, der uns ständig zur Selbstdarstellung zwingt. Er will in jeder Situation die Kontrolle behalten, möchte dazugehören und seiner Umwelt gefallen. Schier lebenswichtig scheint es ihm, dass andere nur das Beste von ihm denken. Dabei bleibt er ständig im Außen verhaftet. Erst wenn wir die Ansprüche von *Mister Ego* loslassen, uns weigern, seine uns so vertrauten Spielchen mitzuspielen, sind wir imstande, zu erahnen, wo wahres Glück wirklich zu finden ist.

Der Ort in Dir

Wollen wir wahrhaftig glücklich sein, sollten wir unsere Aufmerksamkeit einzig und allein nach innen richten, dorthin, wo keine Spur von Ego mehr zu finden ist und wir eines deutlich vor uns sehen: den Wegweiser zu unserem göttlichen Kern, unserer Seele!

Versuchen wir also, das Glück in uns zu finden, anstatt wieder und wieder im Außen zu suchen und andere dafür verantwortlich zu machen, wie gut oder schlecht es uns geht. Erst wenn das Ego ruht, haben wir die Chance einmal nachzuforschen, was alles in uns steckt. Folgen wir dem Wegweiser, der uns an einen noch eher unbekannten Ort führt. Jeder kann ihn finden, seinen ganz persönlichen Ort des Glücks: einen Ort in unserem Inneren, an dem es ganz still ist, an dem wir ausschließlich unser Herz pulsieren und unseren Atem fließen spüren. Glück ist im Hier und Jetzt zu finden. Glück liegt in der Kraft der Gegenwart. Dort, wo nichts mehr wichtig ist außer uns selbst, es nichts mehr zu tun gibt, außer nach innen zu spüren, zu beobachten und da zu sein. Wann und wie oft wir uns dazu entscheiden, glücklich zu sein, liegt einzig und allein an uns.

An dieser Stelle eröffnet sich eine letzte Frage:

Wieso muss erst etwas geschehen, damit wir uns auf die Suche nach dem Ort des inneren Glücks begeben? Ein Schicksalsschlag, der Verlust eines geliebten Menschen, eine Krankheit oder irgendein anderer Grund, aus dem einige der äußeren Faktoren, die uns sonst so vermeintlich glücklich machen, plötzlich an Gewicht verlieren oder zur Gänze wegbrechen?

GIORGIO –
Ein Gondoliere entdeckt seine Stärke

„Ein Gondoliere ist ein verschwiegener Charakter!“ hört er in Gedanken seinen Vater sagen. In letzter Zeit ertappt sich Giorgio des Öfteren dabei, aus heiterem Himmel an seinen bereits verstorbenen Vater denken zu müssen. Das meiste über diesen Beruf weiß er von Guiseppe, die anderthalbjährige Ausbildung zum Gondoliere war für Giorgio dann mehr oder weniger ein Kinderspiel. Giorgio muss schmunzeln. Dass die Touristen auch immer die gleichen Fragen stellen müssen: Ob das Rudern denn anstrengend sei? Und: Ob Gondoliere sein Hauptberuf sei? Gott Lob gehört Giorgio – ganz entgegen des Credos seines Vaters – nicht zu den Gondolieri, die aus ihrem Beruf ein Staatsgeheimnis machen, und hat sich eine ehrliche Antwort zurechtgelegt, für die er besonders bei weiblichen Fahrgästen meist einen überaus verständnisvollen Blick erntet: „Das wirklich Anstrengende an dem Job“, so antwortet er dann, „sind die 14 Stunden, die man auf den Beinen ist, um Kunden zu bekommen!“ Die Frage nach dem Hauptberuf hat sich durch diese Antwort dann auch erübrigt. Einem Bootsbauer aus dem 19. Jahrhundert ist es zu verdanken, dass sich die Gondel verhältnismäßig einfach durch Venedigs Kanäle manövrieren lässt. Ihre asymmetrische, gekrümmte und die rechts um ein paar Zentimeter gekürzte Form ist für dieses bewundernswerte Konstrukt charakteristisch. Die Asymmetrie und mehr Volumen auf der linken Bootsseite gleichen das Gewicht des backbord stehenden Gondoliere aus. Giorgio ist stolz auf seinen schwimmenden Arbeitsplatz.

Das war allerdings nicht immer so. Bevor ihn seine Wurzeln wieder in Italiens Lagunenstadt zurückgetrieben haben, hat er sich voller Tatendrang an der Universität in Rom für Kunstgeschichte inskribiert. Nach sechs Semestern wurde ihm allerdings klar, dass er nicht so der Lerntyp ist. Außerdem, so erklärt er heute den Menschen, die sich wundern, warum er sein Studium abgebrochen hat, schien es das Schicksal damals nicht anders zu wollen. Dass er erst von Venedig wegziehen musste, um eine Venezianerin kennenzulernen, spreche wohl Bände. Stefania, damals ebenfalls Studentin an der Universität in Rom und heute Giorgios Ehefrau, wurde ziemlich schnell schwanger. So zog es beide zurück in ihre Heimatstadt. Auch Guiseppe war erleichtert und zufrieden, als sein Sohn sein Zimmer in der Wohngemeinschaft gekündigt hat und nach Venedig zurückgekehrt ist. Gedrängt hat er seinen Sohn allerdings nie, die Familientradition in Venedig fortzusetzen und Gondoliere zu werden. Viele Venezianer, besonders die jungen Menschen, zieht es aufs Festland, wo die Mieten und Lebenserhaltungskosten günstiger sind. Auch wenn sich die Preise in den ruhigen einheimischen Vierteln noch von den berühmten Plätzen und den von Touristenströmen gefluteten Gassen unterscheiden, ist das Leben in der Lagunenstadt teuer geworden.

Giorgio hat seine Entscheidung nie bereut. Er ist stolz darauf, einen Beruf ausüben zu können, dem eine derart lange Geschichte vorausgeht. Wenn er seine engsten Freunde Giacomo und Massimiliano nach der Arbeit oder an ihren freien Tagen im *Marciano* auf einen oder mehrere *Veneziano* trifft, reden die drei meist über eventuelle Verbesserungen ihres Manövrierstils und verlieren sich in Details, die nur Gondolieri oder Physiker verstehen. Gleichermaßen kommentieren die Freunde die weiblichen ihrer chauffierten Fahrgäste und tauschen brillant ausgeschmückte Anekdoten aus. Dabei ist schon ein regelrechter Wettstreit zwischen ihnen entstanden, wer die anderen mit seinen Gondelgeschichten am meisten zum Lachen bringt. In letzter Zeit sind diese Treffen aufgrund der allgemeinen Ausgangssperre leider nicht mehr möglich, was neben der Ausübung seines Berufes für Giorgio wohl den schwersten Verzicht in dieser so befremdlichen neuen Zeit bedeutet.

Giorgio Emanuele Fortunati bezeichnet sich selbst als glücklichen Mann, immer schon. Die Redensart *„Nomen est omen"* (sinngemäß übersetzt aus dem Lateinischen: *„Name ist Programm"*) findet in Giorgios Fall wohl ihre hundertprozentige Berechtigung, da sein italienischer Nachname *Fortunati* nichts anderes als *glücklich* bedeutet. Wie alle Italiener liebt er das Leben, den Wein und vor allen Dingen liebt er seine Steffa. Er ist kein Mann, der großartig über Gefühle spricht, er ist zufrieden und damit basta! Sein Leben zählt weiß Gott nicht zu den spannendsten, er ist sich auch zu bequem für außertourliche Abenteuer wie beispielsweise Reisen in ferne Länder oder – naja – andere Frauen.

Einmal allerdings brachte ihn eine Schweizer Touristin namens Anna etwas aus der Contenance, wenn man so will. Zumindest kostete sie ihn mehrere Vollräusche im *Marciano*.

Seine Liebe zu Stefania hat er nie in Frage gestellt, aber wie es wohl in den gesündesten Ehen vorkommt, gibt es Hochs und Tiefs. Anna kam in Giorgios Leben, da war sein Eheleben mit Stefania allerdings noch ganz frisch, so frisch, dass Alltag und Gewohnheit noch nicht als schuldig im Sinne der Anklage geltend gemacht werden können. Es hätte damals wohl jede halbwegs attraktive Frau in Giorgios Gondel steigen können, er hätte in ihr einen Strohhalm gesehen, an dem er sich festhalten kann, um aus seinem bislang größten Schmerz herauszufinden. Es ist jetzt fast zwei Jahre her, da Stefania im siebten Monat ihrer Schwangerschaft ihr gemeinsames Kind, eine Tochter, verloren hat. Seine Frau ist der stärkste Mensch, den er kennt. Ihre Stärke liegt wohl darin, Schwäche zeigen zu können. Sie ist sich nie zu stolz, Hilfe anzunehmen, und meisterte eine der psychisch belastendsten Situationen überhaupt – was kann für eine Mutter schlimmer sein, als ihr totes Kind auf die Welt zu bringen? – relativ gut. Sie sprach sowohl mit ihren engsten Freundinnen als auch den Frauen aus der Selbsthilfegruppe sowie der vom Krankenhaus zur Verfügung gestellten Therapeutin über ihre Gefühle, ihren Verlust und ihren Schmerz. Stefania hat ihn zweifelsohne verinnerlicht, den Spruch auf dem Schild in ihrer Wohnküche: *„Aufstehen, Krone richten, weiter gehen."* Giorgio hat Stefania immer schon für diese Eigenschaft bewundert, doch in diesem Fall ging ihm das alles zu schnell. Diese Frau kann einfach nichts zum Verzweifeln bringen! Immer weiß sie, was das vermeintlich Beste für sie beide ist, und das Schlimmste daran: Sie behält auch fast immer Recht. Giorgio fehlt diese emotionale Stärke. Sie bat ihn damals immer wieder darum, sie zu begleiten, doch er konnte nicht. Er würde auf seine Weise mit seinem Schmerz fertigwerden, hatte er ihr damals immer wieder erklärt, worauf sie ihm seine ständigen Aufenthalte im *Marciano* vorhielt. Er wollte insgeheim mit Stefania über alles reden, doch ihm schien der ihm sonst so nahe stehende Mensch, seine Frau, als zu weit entfernt. Sie war ihm fremd in dieser Zeit. Er hatte das Gefühl, dass die Frauen aus der Selbsthilfegruppe, die alle Gleiches oder Ähnliches erlebt hatten und sie dadurch so gut verstehen konnten, sie ihm „wegnahmen“. Dieser geradezu intime Schicksalsschlag ging außer seiner Frau und ihn niemand anderen etwas an. Er wollte von alldem nichts wissen. Auch war er sich zu stolz, Hilfe von außen anzunehmen. Er fühlte sich in dieser Zeit allein gelassen von seiner Frau, hilflos und unfähig, mit seiner eigenen Trauer fertigzuwerden. Dass Stefania mit der Totgeburt so souverän umgehen konnte und wie immer alles richtig machte, überraschte ihn nicht. War da nicht auch dieses Buch – Giorgio kann sich auf einmal so gut daran erinnern –, das sie förmlich verschlungen hat und das ihr wieder so viel Lebensmut und neue Kraft gegeben hat? Sie wollte ihm davon erzählen, doch er tat es als Schwachsinn ab. Stefania meinte damals, er solle doch froh sein, dass sie dieser „Schwachsinn“ so gut unterstütze, worauf sie ihn mit dem Thema Trauerarbeit endgültig in Ruhe ließ, keine Gespräche mehr initiierte, ihn nie wieder zu einer Therapie zu überreden versuchte und weiterhin alleine an das Grab der Kleinen ging. Sie gab auf und seitdem herrscht eine Stille zwischen ihnen, die für beide oft unerträglich geworden ist.

Giorgio kann es sich im Nachhinein nur dadurch erklären, dass er in dieser sinnlosen und kindischen Schwärmerei für Anna nichts als eine Ausflucht suchte. Die sympathische Touristin aus der Schweiz war nicht hübsch im herkömmlichen Sinne, aber ihre Sommersprossen und die Art, wie sie sich ihre roten Haarsträhnen immerzu aus dem Gesicht strich, hatten etwas Unschuldiges, Hilfloses an sich, das ihn faszinierte. Sie verkörperte in all ihren Eigenschaften das krasse Gegenteil zu seiner starken und so selbstbewussten Frau, die mit einer derartigen Sicherheit durch ihr eigenes und ihr gemeinsames Leben prescht, dass es ihm manchmal regelrecht Angst einjagt. Bei Anna hingegen fühlte er sich männlich, stark und überlegen, sie himmelte ihn an, ohne dass er viel dazu beitragen musste. Sie sprach fließend Italienisch, und doch sprachen sie nur über Belangloses. Als Erstklässlerin der Schule des Lebens war es einfach ihre lockere, naive und unschuldige Persönlichkeit, die seinen Beschützerinstinkt weckte.

Mit einem kleinen Überbleibsel an schlechtem Gewissen spricht Giorgio seiner Männerrunde in Gedanken ein erleichtertes Dankeschön aus, wenn er sich heute an Anna zurückerinnert. Er konnte sich seine Schwärmerei von der Seele reden beziehungsweise trinken und seine Kumpels hielten ihn von einer der größten Dummheiten seines Lebens ab, indem sie ihm ins Gewissen redeten. Sollte es auch in Italien die Redensart *„Schnee von gestern"* geben, so wäre es eben dieser. Wenn nicht, dann ist eben alles Geschichte. Er hatte Stefania nur in Gedanken betrogen. Und damit basta!

Giorgio fragt sich selbst, warum ihm diese ganze Geschichte gerade jetzt in den Sinn kommt: sein gedanklicher Ehebruch, aber vor allem die Tatsache, dass er seinen Schmerz über den tragischen Verlust ihres ungeborenen Kindes nie wirklich mit Stefania teilen konnte, oder mit sonst irgendeinem Menschen. Er hat alles geradezu bravourös verdrängt.

Liegt es vielleicht an der vielen freien Zeit, die er nun schon seit drei Wochen gezwungenermaßen zu Hause verbringen muss? Er weiß nicht so recht, was er mit dieser Zeit anfangen soll, während Stefania emsig an ihrer Nähmaschine sitzt und aus verschiedensten Stoffresten weitere Gesichtsmasken fertigt, putzt, neue Rezepte kreiert, telefoniert, den Keller aufräumt, Bücher liest, die Pflanzen am Balkon umtopft, Kleidungsstücke aussortiert und – allerdings immer seltener – auf ihr Handy schaut.

Nun, da es derart ruhig geworden ist in Venedigs Gassen, der Markusplatz nur mehr von Tauben gekreuzt wird und die Gondeln befestigt bleiben, wird nicht nur Giorgio förmlich dazu gezwungen, sich Gedanken zu machen, über sich, sein Leben und seine Ehe, die immer noch kinderlos ist. Es gibt keine Ablenkung von außen, keine Arbeit, in die er sich nur zu gerne flüchten würde, und die sporadischen Telefonate mit Massi und Giacomo sind lange nicht so zufriedenstellend wie ein Treffen im *Marciano*. Seine *Marinéra*, das blau weiß gestreifte Matrosenhemd, die schwarze Hose und der Strohhut hängen genauso nutzlos herum wie Giorgio selbst. Es scheint als blinzelten ihm auch seine schwarzen, frisch polierten Arbeitsschuhe voller Erwartung entgegen. Giorgio kann sich an keine Zeit in seinem bisherigen Leben erinnern, in der er derart auf sich selbst gestellt war. Wieder schweift er in Gedanken zu seiner Frau. Sie kann seit dem Vorfall vor fast zwei Jahren keine Kinder mehr bekommen. Es gibt keine medizinische Erklärung dafür, die Ärzte meinen, es gäbe wohl psychische Gründe, was Stefania bis aufs Äußerste bestreitet. Auch Giorgio glaubt daran, dass zumindest sie die ganze Tragödie gut verarbeitet hat. Sie hat schließlich neben dem regelmäßigen Besuch der Selbsthilfegruppe auch eine Langzeittherapie gemacht und sich in einem Ritual von ihrer Tochter verabschiedet. Sie meditiert regelmäßig und ihre Stärke zeigt sich in ihrer Ausgeglichenheit und der wiedererlangten, für sie so typischen inneren Ruhe. Liegt es womöglich an ihm? Macht Stefania ihm unbewusst Vorwürfe, dass er den Tod seiner Tochter verdrängt hat und sich bis heute weigert, hinzusehen und immer noch nicht damit umgehen kann? Vielleicht sperrt sich ihr Körper gegen eine erneute Schwangerschaft, um ihn – ihr freilich nicht bewusst – damit zu bestrafen? Giorgio erschrickt, als er sich bei diesem Gedanken ertappt. Schließlich fasst er den Entschluss, demnächst mit Stefania zu reden. Er ist sich der Stille zwischen ihnen nur zu gut bewusst, aber er hat sich – wie sie anscheinend auch – daran gewöhnt.

Giorgio sitzt auf dem kleinen Balkon, dessen Geländer den grünen Anstrich nur mehr erahnen lässt, während ihm seine Frau wie jeden Tag, den er nun auch während der Woche bei ihr zu Hause ist, seinen nachmittäglichen Espresso serviert. Die zarte Tasse in seiner kräftigen Hand haltend, beugt er sich beiläufig über das Balkongeländer und blickt hinunter zum *Canale di Cannaregio*. Und da: ein Schatten, zwei – was schillert dort im Wasser? Da der Gondoliere seinen Augen nicht traut und zunächst das Glitzern auf und unter der Wasseroberfläche im Lichtspiel der Sonne begründet, ruft er seine Frau, die inzwischen wieder in der Wohnung verschwunden ist. Er deutet nach unten und schreit: „Siehst du das auch?“ Stefania ist sich zunächst nicht sicher, was ihr freudig aufgeregter Mann meint, sie konzentriert sich erneut auf die Wasseroberfläche und da: ein sich fortbewegendes Schillern, mehrere aneinander gereihte, im Sonnenlicht blitzende Punkte. Anfängliche Fassungslosigkeit macht kindlicher Freude Platz, als sich die beiden sicher sind: Es schwimmen Delfine in den Kanälen der Lagunenstadt!

Voller Übermut und mit einem liebevollen Lächeln trägt Giorgio seiner Frau auf, einen Prosecco aus der Küche zu holen, denn das müsse gefeiert werden! *Subito*! Sofort! Überhaupt beschleicht ihn eigenartiges Gefühl, und er stellt sich selbst die Frage: Hat diese ganze Entwicklung vielleicht auch ihr Gutes? Sein Großvater, also Guiseppes Vater, hatte diesem einmal von Delfinen in Venedigs Wasserstraßen erzählt … wie lange mag das wohl her sein? Auch Stefania ist voller Freude, einerseits über die gerade gemachte Beobachtung, andererseits, weil sie glücklich ist, wann immer es ihr Mann ist. Die fröhliche Grundstimmung der Eheleute liegt wohl nicht nur an der bloßen Tatsache von Giorgios Entdeckung, vielmehr beschert dieses kleine Ereignis den beiden eine Abwechslung in dieser anderen und noch so ungewohnten Normalität. Bewusst oder unbewusst schöpft Giorgio aus dieser willkommenen Unterbrechung der Alltagsroutine den nötigen Mut für sein Vorhaben, endlich mit seiner Frau über die Geschehnisse vor nun fast zwei Jahren zu sprechen. Der kühle Prosecco entspannt ihn, er nimmt die Hand seiner Frau, verwirft die so lange im Geiste vorbereiteten und immer wieder verdrängten Fragen und erzählt ihr stattdessen und wider seiner eigenen Erwartung von seinen Gefühlen. Während Stefania ihrem Mann erleichtert zuhört, lässt sie ihren Tränen freien Lauf, die sanft und still über ihre Wangen kullern. Wie lange hat sie diesen Augenblick herbeigesehnt, in dem ihr Mann ohne ihr sanftes Auffordern, ihr Bitten und Flehen den Mund endlich aufmacht. Sie bleibt stark und obwohl sich tausende Fragen zu Wort melden wollen und sie zwischendurch das Bedürfnis hat, sich zu rechtfertigen, ihm ihren Standpunkt klar zu machen, nimmt sie sich zurück und lässt Giorgio Raum. Zu glücklich ist sie darüber, dass er endlich Zugang zu seinen Gefühlen gefunden hat.

Aus Giorgio sprudelt es heraus, als spiele er gekonnt eine Rolle aus dem Stehgreif. Er holt weit aus. Er spricht seiner Frau gegenüber von seiner damaligen Ohnmacht, mit ihr gemeinsam durch die Schmerzbewältigung zu gehen, er erwähnt die Wut, die er von Zeit zu Zeit auf sie hat, weil sie mit allem – so auch der Totgeburt ihres gemeinsamen Kindes – so souverän, fast lehrbuchartig, umgegangen sei. Er sei neidisch auf ihre Stärke. Ihm wird bewusst, während er weiter spricht, dass er sich ihr gegenüber als schwach, hilflos und oft bevormundet vorkomme, bis heute habe er mit dieser Schwäche zu kämpfen. Er wirft die Frage und somit einen seiner Glaubenssätze in den Raum, ob nicht der Mann der Stärkere sein müsse, um seine Frau zu beschützen und alles Unheil von ihr und seiner Familie abzuwenden. Er fühle sich als Versager. Auch habe er sich von ihr ausgeschlossen gefühlt, als sie sich nur ihren Freundinnen und diesen „Fremden“ anvertraut habe. Er müsse nicht aufs Grab, er trage „seine“ Tochter für immer im Herzen. Kein Therapeut der Welt wisse, wie er sich fühle, kein Autor der Welt fände je die richtigen Worte, die ihm den Schmerz nehmen könnten. Und so kommt es, dass sich nach der Wut endlich auch der Schmerz seinen Weg aus Giorgios Seele bahnt und er zum ersten Mal seit dem Tod seiner Tochter fähig ist zu weinen. Stefania ertappt sich dabei, ihn unterbrechen zu wollen, ihn zu beruhigen und ihn darauf hinzuweisen, dass in ihren Augen vieles ganz anders sei. Doch wie so einige wertvolle Dinge, die sie in ihren therapeutischen Gesprächen gelernt hat, weiß sie, dass es nun einmal Giorgios Gefühle sind, die es zu akzeptieren und ernst zu nehmen gilt. Die Zeit wird kommen, um ihm ihre Sichtweise und ihr Gefühlsleben zu verdeutlichen. Der erste riesengroße Schritt ist getan und ab jetzt – so ist sich Stefania sicher – könnten sich beide wieder in die gleiche Richtung bewegen. Giorgio findet nun auch die richtigen Worte, um die in ihm wach gewordene Vermutung zu äußern, dass Stefania womöglich wegen seiner Unfähigkeit, mit Konflikten umzugehen, und seiner Verweigerung, dem Tod seiner Tochter in die Augen zu blicken, keine Kinder mehr bekommen könne. Er spricht von seinen Schuldgefühlen diesbezüglich und deutet an, dass seine Frau ihm wohl unbewusst Vorwürfe mache und ihr Körper sich womöglich gegen eine erneute Schwangerschaft sperre. Wohl ganz zu recht, wie er weiter meint.

Der erste Schwall ist aus Giorgio herausgebrochen. Erleichterung breitet sich aus. Nach einem langen Moment der Stille gießt Stefania ihrem Mann und sich Prosecco nach und empfindet es nun als den passenden Zeitpunkt, ihrem Mann für seine Offenheit und sein Vertrauen zu danken. Sie bedient sich all des nötigen Feingefühls, wie es nur eine Frau besitzt, die ihren Mann derart gut kennt, dass sie anhand der kleinsten Regung in seinem Gesicht seine Gedanken zu lesen vermag und in all seinen Gesten oder im Ausbleiben dieser bereits ahnt, wie er auf sie reagieren wird, noch bevor sie ein Wort geäußert hat. Stefania weiß, wenn sie jetzt zu vehement ihren Standpunkt vertreten würde, würde sie ihn nur wieder in die Abwehrhaltung treiben. Also drückt sie ihm vorerst in vielen anerkennenden Worten ihr Verständnis aus, für alles, was er fühlt und gefühlt hat. Sie bittet ihn, ihr jetzt genau so zuzuhören, wie sie ihm vorher all ihre Aufmerksamkeit geschenkt hat. Schritt für Schritt erklärt sie ihm, wie es damals in ihrem Inneren ausgesehen hat, sie gewährt ihm Einblicke in ihre Seele, weil er sich nun nicht mehr dagegen sperrt. Ohne ihm Vorwürfe zu machen, dass er sich nie geöffnet hat, nicht ihr gegenüber, nicht seinen Kumpels, nicht den Ehepaaren in der Selbsthilfegruppe gegenüber, denen Ähnliches passiert ist, versucht sie ihm deutlich zu machen, was ihr an all diesen Gesprächen, diesem Austausch so hilfreich gewesen ist. Wie befreiend es für sie war, eine so schreckliche Erfahrung mit Menschen zu teilen, denen auch ein derartiger Schicksalsschlag widerfahren ist. Sie betont dabei immer wieder, dass ihre Methode, den Schmerz zu bewältigen, nicht auch seine sein müsse, aber legt ihm gleichzeitig die Wichtigkeit ans Herz, irgendein Ventil für seinen Schmerz zu finden. Stefania ist sich sicher, dass er dieses heute gefunden hat. Und ja, sie streite es nicht ab, dass sich ihr Körper womöglich wirklich gegen eine erneute Schwangerschaft gesträubt habe, doch sie betont im gleichen Zug, dass ihn daran keine Schuld treffe. Ihr Körper führe wohl ein Eigenleben und wisse anscheinend genau, wann sie beide wieder bereit wären für ein neues Kind. Vielleicht liege in dieser Zeit, in dieser Entwicklung, in der sich die Welt gerade befindet, etwas Gutes, Befreiendes, etwas Erneuerndes?

Es fühle sich an wie ein neues Erwachen.

Auch für sie beide – Steffa und Giorgio – halte die Welt vielleicht ein neues Kapitel bereit …

Und gerade als Stefania von dieser neuen Zeit, der neuen Entwicklung der Welt und diesem „Aufwachen“ spricht, glaubt sie ein verständnisvolles Blitzen in Giorgios Augen zu sehen. Hat ihr Mann gerade genickt? Sie wartet ab, wartet auf eine Reaktion. Sie ist beeindruckt, dass ihr Giorgio nicht einmal ins Wort gefallen ist, während sie fast eine halbe Stunde – viel länger als er zuvor – am Stück geredet hat.

Giorgio nimmt einen kräftigen Schluck Prosecco und bestätigt, dass er sich auch schon so etwas gedacht habe, als er die Delfine gesehen hat. Zumindest könne die Umwelt, die Tier- und Pflanzenwelt dank des allgemeinen *Shutdowns*, des Stillstehens der Wirtschaft, des ausbleibenden Flugverkehrs und des beschränkten Automobilverkehrs einmal tief durchatmen. Die Menschen müssten sich nun – er zeigt mit einem breiten, gekünsteltem Grinsen auf sich – mit sich selbst beschäftigen. Es gäbe keine Ausflüchte mehr, Altlasten kämen hoch, er sei dafür wohl das beste Beispiel, scherzt er weiter, um von seinen verquollenen Augen, den Zeugen seiner gerade erlebten Emotionen, abzulenken. Stefania beobachtet ihren Mann, ihr entgeht auch nicht das geringste Detail, sie versteht, dass er dem derzeitigen Stillstand zum ersten Mal auch etwas Gutes abgewinnt, und sie spürt, dass er sogar sowas wie Dankbarkeit empfinden kann.

Inzwischen dämmert es, Stefania zündet die große Kerze in der über ihnen hängenden Laterne an, die beiden sitzen immer noch draußen am Balkon. Zeit spielt keine Rolle. Nachdem Giorgio verneint hat, als seine Frau ihn fragt, ob sie nicht endlich Abendessen kochen solle, macht er sich stattdessen auf, eine Flasche *aqua minerale* und eine weitere Flasche Prosecco aus dem Kühlschrank zu holen. „Diese Frau kennt mich wirklich!“, denkt er sich schmunzelnd, als er bemerkt, dass sie mehr als nur eine Flasche eingekühlt hat.

Es vergehen immer wieder ein paar lange Sekunden der Stille. Eine Stille, die sie nicht mehr voneinander trennt, sondern im Teilen eines nun gemeinsam erlebten Schmerzes vereint. Das wird beiden bewusst, ohne dass sie es erwähnen müssen. Von Zeit zu Zeit durchbricht Stefania die Stille, indem sie einige ihrer Erfahrungen mit Giorgio teilt, dann meldet dieser sich wieder zu Wort, oft fern jeden Zusammenhangs mit dem von seiner Frau Gesagten. Giorgio stellt Fragen, lässt manches mit etwas Unverständnis im Raum beziehungsweise am Balkon stehen, manchmal kann auch Stefania nicht anders, als den Kopf zu schütteln – aber prinzipiell darf heute alles sein zwischen ihnen, ohne dass der eine oder andere laut wird. Das bedeutet einen enormen Fortschritt, um nicht zu sagen einen Meilenstein auf der Landkarte ihrer Beziehung.

Was Stefania dann aber wirklich überrascht, ist Giorgios plötzliches Interesse an dem Buch, das sie in dieser schwierigen Zeit geradezu verschlungen hat. Es gibt ja doch noch Seiten an ihrem Mann, die es zu entdecken gilt. Er erkundigt sich nach dem Genre des Buches und zeigt sich ganz erstaunt, dass es sich entgegen seiner Vermutung um eine Art Science-Fiction handelt und nicht wie erwartet um ein weiteres Selbsthilfebuch oder einen dieser esoterischen Schinken. Es gibt weiß Gott genug solcher Exemplare, die sich in sämtlichen Regalen ihrer nicht gerade geräumigen Wohnung reihen und stapeln. Es finden sich auch deutschsprachige Bücher in Stefanias Sammelsurium. Seine Frau hat Südtiroler Wurzeln und will die deutsche Sprache nicht verlernen.

Sternenkinder der Zukunft, die neuen Seelen der Erde lautet der Titel des Buches einer laut Stefania jungen und noch unbekannten Autorin aus Österreich. Sie habe zu dem Buch gegriffen, weil sie das Wort „Sternenkinder" wie magisch angezogen habe. Sie erklärt Giorgio weiter, dass es sich dabei um einen gängigen Begriff handle, der auch in italienischer Sprache als *bambini stellari* für all jene Kinder verwendet werde, die vor, während oder kurz nach ihrer Geburt sterben. Für die betroffenen Eltern läge Hoffnung in der Vorstellung, dass ihr verstorbenes Kind als Stern direkt zurück in den Himmel kehre, noch bevor es das Licht der Welt so richtig erblickt habe. Auch für Stefania hat dieser Gedanke etwas sehr Tröstliches. Der Inhalt des Buches, so fährt seine Frau mit ihrer Erzählung fort, habe sie allerdings genauso erstaunt. Sie gibt zu, das Buch ohne vorherigen Lesens des Klappentextes, ohne kurzes Hineinschnuppern gekauft und sich einzig auf den ihr so vertrauten Begriff der „Sternenkinder" verlassen zu haben, der in diesem Buch allerdings eine andere Bedeutung haben sollte. Und doch: Es ist das bemerkenswerteste Buch, das sie je gelesen habe. Um ihre Begeisterung zu untermalen, steht Stefania auf, huscht ins Schlafzimmer und entnimmt der Lade ihres Nachtkästchens das Buch, das sie wie einen Schatz hütet. Sie erinnert sich daran, der Autorin sogar einen Leserbrief, also eine Mail, geschrieben zu haben, nicht nur um ihr positives Feedback zu geben – nein, Stefania hat der Autorin sogar einen kurzen Einblick in ihr

Schicksal gewährt, sich ein bisschen Schmerz von der Seele geschrieben und ihr gegenüber bekräftigt, wie tröstlich die Geschichte in dieser schweren Zeit für sie gewesen sei. Und all das schrieb sie in deutscher Sprache. Manchmal bringt sie dazu auch trotz der schwierigen Grammatik und ihrer Rechtschreibfehler den Mut auf. Wie eben zu diesem Zeitpunkt auch. Es muss an dieser Stelle wohl nicht gesagt werden, wie glücklich Stefania war, als sie Antwort aus Österreich erhielt.

Als Stefania – ihren Schatz in der Hand – wieder auf dem Balkon neben ihrem Mann Platz nimmt, beschließt sie, ihre Mail an die österreichische Autorin fürs Erste nicht zu erwähnen. Es wäre nach Giorgios Auffassung ja wieder eine „Fremde“, der sie ihren gemeinsamen und so persönlichen Schicksalsschlag anvertraut hat. Viel zu groß ist ihre Freude zunächst einmal über Giorgios Interesse an ihrem Lieblingsbuch.

Wie ein kleines Kind, sich in Worten überschlagend, beginnt sie, ihrem Mann den Inhalt des Buches zu vermitteln, der ihren Ausführungen sehr aufmerksam und interessiert lauscht:

„Wir schreiben 2090 Erdenzeit. Schauplatz der Geschichte ist eine andere Dimension, in der es weder Raum- noch Zeitgefühl gibt. Alles ist eins. Energetische Wesen schwingen auf dieser feinstofflichen Ebene, sie besitzen keine Körperlichkeit mehr, keine Dichte. Sie schweben wie feenartige Wesen in allen Farben durch einen unendlichen Raum und kommunizieren ohne Worte, nur über die Liebe. Sie bewegen sich jenseits des Verstandes, des Egos, verfügen über keine niederen Emotionen mehr, sie schwingen auf höchster Frequenz und haben den höchsten Bewusstseinsgrad erreicht. Von ihrer Warte aus, ihrem Zuhause, genannt *Lysia*, können sie neben allen anderen Planeten, Galaxien und Dimensionen auch *Gaia*, die Erde und das Zuhause der Menschen, sehen. Sie haben die außergewöhnliche Fähigkeit, sich auf jeden Planeten, in jede Galaxie, in jede andere Dimension, sei sie feinstofflich oder grobstofflich, zu beamen und sich dort in einer Körperlichkeit zu materialisieren. Auf *Lysia* gibt es einen Rat, der alle Wesenheiten zusammenruft, sollte es zu einer Veränderung, einer neuen Entwicklung, einem Wachstum oder einem Rückschritt, einem neuen Erwachen oder einer Apokalypse auf Planeten, Sternen, in Galaxien oder anderen Welten und Dimensionen kommen. Je nachdem, welche der energetischen Wesen sich freiwillig dazu bereit erklären oder es sich wünschen, werden diese als ‚Sternenkinder' in die jeweilige Welt geschickt, um dort in entsprechender Form zu inkarnieren."

Stefania greift zu ihrem halbvollen Glas, leert es in einem Zug und fährt mit den einleitenden Worten „und jetzt wird es spannend!" fort: „Im Falle der Erde liegt die Aufgabe der Sternenkinder nun darin, denjenigen Menschen zur Seite zu stehen, die sich noch dagegen sträuben, ihr Leben in Leichtigkeit zu leben, den Schwarzsehern, den ewigen Nörglern und denen, die sich ständig als Opfer fühlen oder die nur nach materiellen Dingen streben. Sternenkinder entschließen sich, in einen Menschenkörper zu schlüpfen und ihn zu beseelen, um andere Menschen zu begleiten und ihnen den Weg vorzugeben. Dabei ist ihnen in ihrer menschlichen Form auf Erden gar nicht bewusst, woher sie ursprünglich kommen und was hier eigentlich ihre Aufgabe ist. Sie handeln intuitiv, werden aus ihrem tiefsten Inneren angetrieben und sind Botschafter der Liebe. Man erkennt sie daran, dass sie in den kleinsten Dingen etwas Schönes sehen, dass sie nie schlecht gelaunt sind, nicht werten, urteilen oder sich mit anderen vergleichen. Sie diskutieren nicht, beharren nicht auf ihrem Recht und genießen das Leben aus einer Selbstverständlichkeit und aus einer Fülle heraus, als würde es ihnen an nichts mangeln. Sie wählen einen Beruf, der ihnen Freude bereitet, anstatt sich von ihrem Arbeitsleben auslaugen zu lassen, und sie haben immer genug Geld zur Verfügung. Allein durch ihre Gegenwart machen sie andere glücklich, sie strahlen und transportieren ihr Inneres nach außen, sodass alle in ihrem Umfeld von ihrer Liebe angesteckt werden.“

Stefania scheint die Handlung des Buches schon ganz genau auf ihr eigenes Leben und ihre Realität übertragen zu haben und versucht, Giorgio davon zu überzeugen, dass ihre gemeinsame Tochter auch eine Botschafterin der Liebe, ein Sternenkind, gewesen sei, das es sich einfach noch einmal anders überlegt habe. Doch sie schaue jederzeit von *Lysia* oder von wo auch immer auf sie und Giorgio herab. Stefania wird ganz warm ums Herz, als Giorgio jetzt nicht alles als Schwachsinn abtut. Ihr entgeht zwar nicht, dass er ihre Begeisterung nicht ganz nachzuvollziehen scheint, dennoch lässt sie sich nicht von weiteren Ausführungen abhalten. Gerade jetzt befinde sich die Welt in einer so massiven neuen Entwicklung, dass es wohl tausende solcher Sternenkinder aus *Lysia* brauche, die den Menschen zur Seite stehen, so Stefania weiter. Denn es müsse endlich etwas passieren. So könne es nicht weitergehen. Teilweise gingen die Menschen mit derartigen Scheuklappen durchs Leben. Stefania schüttelt verständnislos den Kopf.

Giorgio spürt, wie seine Frau für dieses Thema brennt und in gewisser Weise gibt er ihr Recht. Der Inhalt des Buches erscheint ihm allerdings suspekt – es handelt sich nun einmal um Science-Fiction, um eine futuristische Welt mit noch futuristischeren Wesen – und doch: Ist nicht er es, der immer behauptet, an jeder noch so skurrilen Geschichte hänge ein Fünkchen Wahrheit?

Seine Frau fährt fort: „Da es auf *Lysia* weder Raum noch Zeit gibt, existieren die Zeiten nebeneinander. Vergangenheit, Gegenwart und Zukunft sind eins. Daher müssen die *Lysianer* auch nicht in die Vergangenheit blicken oder hellsichtig sein, um zu wissen, wann, wo oder wie was geschieht. Aus diesem Grund sind die Sternenkinder auch immer zur rechten Zeit am rechten Ort und im richtigen Alter, um den Erdenbewohnern als Kind, als Teenager oder als ausgewachsener Mensch zu dienen. Ja, sogar als Neugeborene oder sogar als im Mutterleib Verstorbene erfüllen sie einen Zweck, der den Menschen dienlich ist. Liegt dieser auch nur darin, über sich hinauszuwachsen, ihr Bewusstsein zu erhöhen oder als liebende Ehepartner an einem Strang zu ziehen. Als Kinder stellen sie Eltern vor Herausforderungen, die diese zu meistern haben, um an ihnen zu wachsen. Teenager können Eltern schon mal an ihre Grenzen bringen. Auch das initiiert einen Entwicklungsprozess. Und gerade auf *Gaia*, dem Planeten Erde, dessen Ressourcen seit Jahrzehnten so schamlos ausgebeutet werden, auf dem sich Menschen gegenseitig bekriegen und in einer derart niederen Bewusstseinsebene verharren, gerade hier sind schon ausreichend Sternenkinder gesät worden, die den Menschen dabei helfen, die Fülle zu erkennen, die sie umgibt, aus ihr zu schöpfen und ihr eigenes

Potenzial wahrzunehmen, das es ihnen ermöglicht, all das zu sein, zu tun und zu haben, was immer sie sich erträumen. Die Wesen auf *Lysia* haben früh genug erkannt, dass *Gaia* dabei ist zu erwachen, und haben bereits Vorsorge getroffen!"

Stefania bemerkt, dass Giorgio zwar ihr zu Liebe versucht, all seine Aufmerksamkeit aufrechtzuerhalten, dass ihm in Wahrheit aber schon langsam die Augen zufallen. Sie streichelt ihm liebevoll über sein struppiges Haar und meint: „Genug für heute. Der Anfang wäre gemacht, ich bin dir so dankbar für dein Vertrauen und deine Offenheit, alles Weitere wird schon. Du wirst sehen. Und weißt du was, Giorgio Emanuele Fortunati?"

Giorgio blickt seiner Frau erwartungsvoll in die Augen, als sie triumphierend fortfährt: „Du hast heute enorme Stärke bewiesen!" Giorgio weiß, dass sie nicht auf seine Muskelkraft anspielt, die er sich durchs Rudern antrainiert hat, und nimmt seine Frau fest in die Arme. Und morgen, beschließt er, während er den Herzschlag seiner Frau auf seiner Brust spürt, morgen würde er Steffa zum ersten Mal zum Friedhof begleiten …

Es ist 7:05 morgens und Madeleine wacht auf …

(Nicht ihr Wecker weckt sie, doch ihre innere Uhr ist immer noch aktiv!) Momente der Verzweiflung: Wohin ist die Routine? Was soll sie nur den lieben langen Tag machen? Kann sie nicht einfach wieder die Métro nehmen, um wie jeden Tag ins *Chez Milo* zu fahren und sich am Wochenende mit ihren Freundinnen am *marché aux puces* zu treffen?

Es ist 7:46 morgens und Madeleine wacht auf …

Moment mal! Freizeit! Viel freie Zeit! Das Beste draus machen! Endlich Zeit für Sporteinheiten, ein gutes Buch, ausgiebige Telefonate oder Skypen mit ihren Freunden, für das Staffelfinale von *Elite*, für das kalorienarme Fischgericht, das sie lange schon mal kochen wollte.

Es ist 8:50 morgens und Madeleine wacht auf …

Momente des Genießens: Maddie (sie liebt es, von ihren Freunden so genannt zu werden) kocht sich eine Tasse Schoko Chai Tee, wärmt sich ein *pain au chocolat* von gestern und frühstückt im Bett. Die Sojamilch und ein paar andere Lebensmittel wird sie später holen. Schließlich zählt der Moment.

Es ist 9:10 Uhr morgens und Madeleine wacht auf …

Momente der Achtsamkeit: Inzwischen genießt sie diese ersten Minuten nach dem Wachwerden so sehr, fühlt sich sicher, entspannt und geht den Tag völlig ruhig an. Ihr Trainingsjogger und ihre Plüschschlapper mit den aufgenähten Mäuseohren, die ihre Füße jeden Morgen auf ein Neues willkommen heißen, sind bereits Freunde und treue Begleiter geworden.

Irgendwann morgens und Madeleine wacht auf …

Momente der Fülle: Madeleine ist sich sicher: Heute wird ein guter Tag. Denn – wie alles in ihrem Leben – liegt es nun einmal in ihren Händen, wie sie sich ihren Tag gestaltet und wie sie sich dabei fühlen will. Heute ist sie sich ihres ganzen Potenzials bewusst, zu sein, zu tun und zu bekommen, was auch immer sie sich erträumt. Sie ist die Schöpferin ihrer Realität und der wichtigste Mensch in ihrem Leben.

Place de Vosges, Paris

Weder Urlaub noch Wochenende noch Feiertag! Und doch bin ich zu Hause und habe plötzlich Zeit! Von der Arbeit freigestellt! Ich lege kurz mein Handy weg. Stündlich erreichen mich Sarkasmen zur Situation, neue Statistiken, YouTube-Videos der selbst ernannten „Spezialisten", verschwommene Bilder von Naturmotiven mit Sprüchen, Weisheiten und klugen Zitaten, Muntermacher wie wohnzimmertaugliche Sportübungen und Yoga-Sessions, dann wieder eine SMS einer Freundin – voller Zuspruch, eine WhatsApp einer Kollegin – voller Sorge.

Ich schaue aus dem Fenster. Alles scheint wie sonst auch und doch ist alles anders. Da ich es satt habe zu putzen, die Wäsche bereits hängt und ich keine Lust habe, den Roman weiterzulesen, entscheide ich mich für einen weiteren Weg, das Nichtstun zu vermeiden, nämlich joggen zu gehen: nur eine kleine Runde innerhalb der Gemeinde, nicht weiter. Ich überlege mir sogar, die Runde zwei oder dreimal zu laufen, ich fühle mich fit, das Wetter zeigt sich von seiner schönsten Seite, der Himmel protzt mit seiner Wolkenlosigkeit, als würde er heute nur speziell den Tieren und Pflanzen gehören. Die Welt scheint zur Zeit überhaupt nur ihnen zu gehören: den Bergen, den Wäldern, den Wiesen und Feldern und all den Tieren die diese Landschaften bewohnen – nur eben nicht uns. Spielen wir Menschen doch eigentlich immer die erste Geige auf diesem Planeten, so grenzt uns die Erde in der derzeitigen Situation aus. Dieses allgegenwärtige Gefühl der Ausgegrenztheit, des Andersartigen, liegt wohl auch an der Tatsache, dass fast alle Autos vor den Häusern geparkt bleiben und dass mir heute nur vereinzelt ein Hundebesitzer, dann und wann ein anderer Jogger oder ein spazierendes Paar entgegenkommen. Ein unbeschreibliches, unfassbares, aber doch intensiv fühlbares und allseits präsentes Wissen umgibt mich wie eine Wolke, eine fremde Energie, eine eigenartige Schwingung. Immer wenn ich das Haus einmal pro Tag verlasse, falle ich durch eine Luke – ein bisschen wie Alice im Wunderland – in eine andere Welt, rein äußerlich dieselbe und doch so fremdartig: so still, verlangsamt, entschleunigt, so viel Zeit, wenig ist wichtig. Ich laufe, sammle Gedanken, befreie mich wieder von ihnen und laufe weiter.

Alle Arzttermine, sozialen Events, Treffen mit Freunden und sportlichen Programmpunkte sind abgesagt, mein Kalender spuckt mir seine leeren Seiten entgegen. Bin ich erst einmal allen Tätigkeiten, für die normalerweise keine Zeit bleibt, nachgegangen (Putzen, Kleider aussortieren, Ordnung im Keller und auf dem Balkon), dann kann ich es mir wohl erlauben, Zeit für mich zu haben. Der Begriff Zeit verliert an Bedeutung, weil mir so viel davon zur Verfügung steht. Ich habe Zeit für Dinge, die mir Spaß bereiten: ein gutes Buch, Yoga, gut und ausgiebig kochen. Mir ist bewusst, dass diese Dinge durchaus zu meiner Erholung und meinem Wohlergehen beitragen und ich eigentlich ganz glücklich bin, aber ich stelle fest, dass ich mich immer noch im Tun befinde.

Und plötzlich erreicht er mich: der Moment, in dem mir das Nichtstun frech entgegenlächelt und ich mich entscheide, einmal wirklich nichts zu tun. Ich mache mich also auf die Suche nach mir und meinem Ort des inneren Glücks. Bewusst sitzen, beobachten, spüren und einfach nur da sein – es gibt nichts zu tun. Qi Gong, Yoga, Meditation, angeleitete Fantasiereisen und bestimmte Atemtechniken mögen durchaus ihre unterstützende Funktion haben, und doch bleibe ich – wenn auch nur minimalst – im Tun verhaftet.

Um einfach nur an meinem Ort des inneren Glücks zu SEIN, die Kraft der Gegenwart zu genießen, zu beobachten und zu spüren, gibt es rein gar NICHTS ZU TUN.

LENA / MADELEINE – Das Standbein einer Kellnerin

Im Fernsehen sieht sie sich die Liveaufnahmen der Webcams an. Die Weltmetropole gleicht einer Geisterstadt – derartige Bilder kennt Madeleine nur aus Filmen, aus Psychothrillern oder Science-Fiction-Produktionen, in denen ganze Städte in Folge einer Seuche oder einer surrealen Menschenjagd wie in *The Purge* (Die Säuberung) leer gefegt werden. Keine Menschenseele, verwaiste Straßen. Ein groteskes Bild folgt dem nächsten: Die *Champs-Elysées*, die sonst so belebte Prachtallee von Paris, wirkt ohne Verkehr noch breiter und gigantischer, nur einige Autos bewegen sich verloren im wohl größten Kreisverkehr um den *Arc de Triomphe*. Das Wahrzeichen der Stadt, der *Tour Eiffel*, und die *Basilique du Sacré-Coeur* scheinen die Stadt noch mehr als sonst zu überragen. Auch andere Sehenswürdigkeiten breiten sich in der städtischen Landschaft wieder einmal richtig aus, ohne von den Warteschlangen tausender Touristen eingeengt zu werden. Nur Paris‘ alte und leider so verwundete „Dame“, die *Cathedrale Notre Dame*, hat sich seit dem Brand 2019 dieser Besucherströme bereits entledigt.

Es herrscht eine Stille in Frankreichs Metropole, die sich Madeleine in ihren kühnsten und spektakulärsten Zukunftsszenarien nie hätte vorstellen können. Sie ist immer noch fassungslos, als die Webcam nun Liveaufnahmen des ihr so vertrauten und hippen Stadtviertels *Le Marais* zeigt, genauer gesagt den *Place de Vosges* perfekt in Szene setzt, der mit seinen blühenden Bäumen als Bote des Frühlings sehr provokativ auftritt: „Seht alle her, Leute! Während ihr in euren vier Wänden bleiben müsst, genieße ich hier die Sonne in vollen Zügen." Dieser Platz gehört zu einem von Madeleines Lieblingsorten, die diese traumhafte Stadt zu bieten hat. Die beeindruckenden Herrenhäuser aus dem 17. Jahrhundert, die ihn gemeinsam mit den wunderschönen Laubbäumen säumen, machen ihn zu einem romantischen wie malerischen Platz, in den sie sich sofort verliebt hat, als sie vor fünf Jahren nach Paris gezogen ist. In der Zwischenzeit ist er für Madeleine, die sich bereits als waschechte Pariserin fühlt, zu ihrer persönlichen Stadtoase geworden: Sie macht es sich auf einer der vielen Bänke bequem und liest oder entspannt nach getaner Arbeit, und immer, wenn sie mit ihren Freundinnen von einer Shoppingtour oder dem *marché aux puces* (Flohmarkt) kommt, setzen sich die jungen Frauen in die Wiese rundum des Springbrunnens, um ihre erworbene „Beute" zu begutachten. Natürlich wird hier auch das ein oder andere Fläschchen *vin rouge* (Rotwein) geleert und eine rote *Gauloise* geraucht.

Ach, wie vermisst Madeleine einen solchen Tag mit ihren Freundinnen. Die Webcam hat nun auch das *Quartier Latin* im Bild, das Intellektuellen- und Studentenviertel der Stadt, in dem es normalerweise nur so wuselt von jungen Leuten, wissbegierigen Menschen, die in den Truhen vor den kleinen Buchläden wühlen. Madeleine ist froh, dass sie die übereinander gestapelten und aneinander geketteten Tischchen und die beige-roten Stühle vor dem *Chez Milo* nicht sehen muss. Sie würde es nicht ertragen. Es war schon ein komisches Gefühl, als ihr Milo das Foto von dem in Handschrift geschriebenen Schild per WhatsApp geschickt hat: *„Wir bitten um Euer Verständnis, dass wir unserer aller*

Gesundheit zu Liebe geschlossen bleiben." Dieser Anblick stimmte sie einsam, traurig und hilflos …

Milo ist ein cooler Typ, wahrscheinlich der coolste, den Maddie – wie sie ihre Pariser Freunde nennen – in ihrem bisherigen Leben je kennengelernt hat. Er ist das, was man unter einem sympathischen Aussteigertypen versteht – *un type très sympa* – und er ist Madeleines Chef. Milo betrachtet sich zwar nicht als solchen, auch wenn er offiziell ihr Arbeitgeber ist und sie ihn immer neckisch „Boss" nennt. Als er damals eine Kellnerin für sein neu eröffnetes Bistro im *Quartier Latin* suchte und sich Madeleine auf die Anzeige hin meldete, waren sie sich sofort sympathisch. Und das lag nicht nur an der für beide offensichtlichen Gemeinsamkeit, keine gebürtigen Franzosen zu sein, was ihnen der jeweilige Akzent sofort verriet.

Milo kommt aus Schweden und macht bis heute ein großes Geheimnis aus den Beweggründen, warum er vor ein paar Jahren seine Heimat so abrupt verlassen hat, und Madeleine, die eigentlich auf den Namen Lena getauft wurde, ist gebürtige Schweizerin. Madeleine war zwanzig, als sie nach Frankreich kam, um sich einen Job zu suchen und dann irgendwann die französische Sprache zu studieren. Milo, damals 26, hat sich seinen Traum eines eigenen Bistros, das schwedische und französische Fingerfood-Spezialitäten anbietet, erfüllt. Inzwischen sprechen die beiden fast fließend französisch – zwar nicht ganz akzentfrei, aber genau diese Tatsache macht das so eingespielte Duo im *Chez Milo* so beliebt bei seinen Gästen, die sich hauptsächlich aus Studenten, Künstlern und Intellektuellen oder denen, die es noch werden wollen, zusammensetzen. Auch in der vorlesungsfreien Zeit ist das Kernpublikum unter 30, was zu einer sehr entspannten und freundschaftlichen Atmosphäre beiträgt. Man kennt sich, man ist per Du.

Es bestand also von Anfang an eine gute Energie zwischen Milo und Madeleine. Es kommt vielleicht einmal im Leben vor, dass zwei Menschen bei ihrer ersten Begegnung das Gefühl haben, sich bereits seit einer Ewigkeit zu kennen. Madeleine war erleichtert, dass er sie weder aufgrund ihres offensichtlichen Untergewichts noch der Tatsache, dass sie ihr rechtes Bein ein wenig nachzog, nicht so ansah wie die meisten Menschen. Milo erkannte im starken Ausdruck ihrer dunkelbraunen Augen das Selbstbewusstsein der äußerlich so zerbrechlich wirkenden jungen Frau. Sie strahlte eine Sicherheit aus, die sie sich – so war er sich augenblicklich sicher – erst wieder mühsam antrainieren musste. Eines war ihm sofort klar: Madeleine konnte und wollte arbeiten.

Ein Paar würde aus ihnen aber nie werden, auch wenn sich das der Großteil ihrer Stammgäste und fast alle der gemeinsamen Freunde bis heute wünschen und diesbezüglich schon zig Wetten abgeschlossen wurden. Nein, es besteht nach wie vor keine sexuelle Anziehungskraft zwischen den beiden, sondern vielmehr eine vertraute Kollegialität während der Arbeit und eine tiefe Freundschaft außerhalb des Bistros. Allerdings fällt es Madeleine mittlerweile sehr schwer, eine exakte Trennlinie zwischen Beruf und Privatleben zu ziehen, die Grenzen verschwimmen. Sie liebt ihren Job so sehr, dass er ihr manchmal fast wie Freizeit erscheint. Sie ist nicht der Typ, der sich in einem Beruf abrackert, nur um viel Geld zu verdienen, dann aber keine Zeit hat, es auszugeben. Sicher, manchmal ist das Kellnern anstrengend, nach acht Stunden auf den Beinen legt sie diese gerne mal hoch und lockert ihre Hüfte. Etwas mühsamer ist es vor allem in den wärmeren Monaten, wenn die Tischchen vor dem Bistro nicht mehr ausreichen und viele Bestellungen auf einmal eintrudeln – viele Studenten nehmen sich das Fingerfood mit, wenn im Bistro kein Platz mehr frei ist.

Es ist 7:05 morgens und Madeleine wacht auf …

(Nicht ihr Wecker weckt sie, doch ihre innere Uhr ist noch aktiv!)

Momente der Verzweiflung: Wohin ist die Routine? Was soll sie nur den lieben langen Tag machen? Kann sie nicht einfach wieder die Métro nehmen, um wie jeden Tag ins *Chez Milo* zu fahren und sich am Wochenende mit ihren Freundinnen am *marché aux puces* zu treffen?

Nie hätte sie sich gedacht, dass ihr die tägliche Routine wie auch ihr Boss höchst persönlich derart fehlen würden. Von den wöchentlichen Treffen mit ihren Freundinnen ganz zu schweigen. Und nun ist sie noch nicht einmal eine Woche zu Hause. Milo und sie telefonieren fast täglich. Er hat bereits ein neues Geschäftskonzept für den Verkauf entwickelt und erzählt ihr von seinem Vorhaben, das frisch zubereitete Fingerfood online anzubieten und mit seiner Vespa nach digitaler Bezahlung frei Haus zu liefern. Auch in Frankreich haben nur noch Apotheken und Supermärkte geöffnete Türen. Alle anderen Geschäfte, die Restaurants, Bars und die französischen *Brasseries* (Café-Restaurants) bleiben vorerst auf unbestimmte Zeit geschlossen. Madeleine ist sofort Feuer und Flamme und bietet Milo ihre Hilfe an, sie sieht bereits den silbernen Rand der Quarantänewolke und will schon nach ihrer Handtasche greifen, als Milo ihr eröffnet, dass die Arbeit lange nicht ausreiche für zwei, er schaffe das schon allein, der Online-Lieferservice müsse erst anrollen. Sie solle sich in der Zwischenzeit erholen. Aber sie sei natürlich die erste, an die er denke, sollten die Gulden rollen. Er lacht und legt auf.

Madeleine wird bewusst, dass ihr diese erste Woche zu Hause, während der sie sich viel weniger bewegt als im Bistro, bereits ein wenig auf die Psyche schlägt und vor allem ihrem versteiften Bein gar nicht gut tut. Ihre Hüfte schmerzt trotz der Lockerungsübungen, die seit dem Skiunfall fixer Bestandteil ihres Tagesablaufs sind.

Madeleine teilt ihr bisheriges Leben in ein Leben vor dem Unfall als Lena aus St. Gallen und in ein Leben nach dem Unfall als Madeleine in Paris. Diese beiden Leben sind durch eine Brücke miteinander verbunden, die sie während zweier langer Jahre überschritten hat. Der Weg hinauf war sehr mühsam, der Weg hinunter in ihr zweites Leben bereits etwas leichter. Sie hat die Anorexie zwar besiegt, kann aber immer noch nicht essen, ohne dabei Kalorien zählen zu müssen. Sie hat ihren Körper neu lieben gelernt und die Behinderung als einen Teil von ihr akzeptiert. Doch immer wenn sie ihr rechtes Bein mehr spürt als sonst – so wie zur Zeit –, wird sie unweigerlich an diese steinige Brücke, die sie in ihr neues Leben geführt hat, erinnert.

Lena war eine gute Skifahrerin, gewann einige Rennen ihrer Altersklasse und ihr Vater setzte große Stücke auf sie. Sein 15-jähriges Mädchen habe durchaus das Potenzial, es einmal richtig weit zu bringen. Er glaubte an sie und investierte viel Zeit und Geld in die Zukunft seiner Tochter, die er vor seinem inneren Auge bereits als Profi-

Skirennläuferin sah. Er begleitete sie zu jedem Rennen, war ihr größter Fan, aber auch ihr schärfster Kritiker. Lena fehlte es jedoch an dem für eine wirkliche Skikarriere nötigen Ehrgeiz, sie war noch zu jung, um sich ernsthaft Gedanken zu machen, was sie sich von ihrem Leben erwartete, es war – so gesteht sie sich heute ein – sehr bequem, einfach das zu tun, was ihr Vater von ihr wollte. Die Rennen und der Wettbewerb machten ihr insofern nichts aus, dass sie später einen Schaden davongetragen hätte. Verpasste Kindheit, lange Trainingseinheiten, Disziplin, man kennt das ja … Nein, den Schaden nahm sie erst später. An jenem schicksalhaften Tag hätte sie jedoch besser nicht auf ihren Vater gehört, sondern auf ihre innere Stimme, die ihr eindeutig davon abriet, am Riesentorlauf in Zermatt teilzunehmen. Sie fühlte sich schwach, ein grippaler Infekt streifte sie, doch ihr Vater wollte von alledem nichts wissen: Für die paar Minuten könne sie sich zusammenreißen, sie hätten so hart für dieses Rennen trainiert! Die Tabletten würden gleich wirken. Lena überwand sich schließlich ihrem Vater zu Liebe, wie immer. Am Start fühlte sie sich dann etwas fitter – das Adrenalin zeigte wohl seine Wirkung – und während der Abfahrt kamen ihre Kräfte wieder. So optimistisch sie sich in jenem Augenblick fühlte, so überraschend kam es, dass ihr plötzlich schwarz vor Augen wurde und sie noch während des Sturzes, indem sie sich mehrmals überschlug, ihr Bewusstsein verlor.

Es folgte eine schwierige Zeit für die dreiköpfige Familie. Lenas Mutter war nur mehr damit beschäftigt, die Lebensgeister ihres Mannes wieder zu erwecken, ihn aufzumuntern, um ihn dann irgendwann nur mehr zu ertragen, denn dieser sollte sich von seinen Selbstvorwürfen und den

Schuldgefühlen seiner Tochter gegenüber nie wirklich erholen, was sich bis heute in einem reservierten Verhältnis zu seiner Tochter abzeichnet. Lena wurde mehrmals an der Hüfte operiert, ihr rechtes Bein konnte zwar gerettet werden, war aber seitdem versteift. Lena fühlte sich fremd in ihrem Körper, sie baute Muskeln ab, besonders am rechten Bein. Sie hasste ihren Körper, und sie hasste sich selbst dafür, dass sie nicht auf ihre innere Stimme gehört hatte. Sie stellte sich das erste Mal die Frage nach dem Sinn in ihrem Leben. Ihrem Vater jedoch gab sie nie die Schuld für den Unfall.

Zahlreiche Therapien folgten, sowohl Physiotherapien als auch Psychotherapien, wobei ihr die körperlichen Übungen trotz der Anstrengung und der Schmerzen leichter fielen als der Seelenstriptease. An das Leben als „Lena Hinkebein“ gewöhnte sie sich langsam, an ihr Aussehen allerdings nicht. Der Hass auf ihren Körper und die Tatsache, dass sie durch den fehlenden Sport zunahm, trieben sie schließlich in die Anorexie und verlangten ihr all die gestörten Verhaltensweisen ab, die für diese Krankheit hauptsächlich bei Mädchen so charakteristisch sind. Unbeobachtet Essensreste in einer Serviette verschwinden zu lassen, um diese anschließend heimlich in der Toilette runterzuspülen, die Lügen, schon gegessen oder keinen Hunger zu haben, die zahlreichen Lebensmittelallergien, die je nach angebotenem Essen variierten, und der neue Kleidungsstil, der ausgedehnte Pullover, zu weite T-Shirts und Latzhosen wieder aufleben ließ, waren nur einige davon. Als Lena schließlich zu schwach für die Schule wurde, zum zweiten Mal im Unterricht zusammenbrach, und sich ihre Eltern endlich eingestanden, mit der Krankheit des geliebten

Menschen, der ihrer Tochter kaum mehr ähnelte, völlig überfordert zu sein, kam sie in ein Therapiezentrum für Essstörungen.

Wenn jemand Profi in gestörter Selbstwahrnehmung, fehlender Selbstliebe, Sinnfragen und selbstzerstörerischen Gedanken ist, dann Lena. Wenn jemand über Autogenes Training, Suggestionsmethoden, Körperwahrnehmung, Rituale zur Selbstliebe, Aufbau eines neuen Selbstbewusstseins, bewusstes Atmen, stärkende Affirmationen und die Bedeutung einer Tagesstruktur Bescheid weiß, so ist es Madeleine.

Während dieser zwei Jahre im Therapiezentrum schöpfte die junge Frau neue Kraft und fand dank der extrem gut ausgebildeten und empathischen Therapeuten wieder zu neuem Lebensmut. Sie zog wieder zu ihren Eltern, doch das Verhältnis zu ihnen war von all den Geschehnissen immer noch belastet. Sie fühlte sich zwar nicht mehr so fremd in ihrem Körper, aber fremd im eigenen Elternhaus. In der Zeit im Therapiezentrum kristallisierte sich langsam heraus, was Lena wirklich wollte, sie entdeckte ihr Interesse für Sprachen und beschloss, nach Paris zu ziehen, einen Job anzunehmen, um dann später an der Sorbonne Französisch zu studieren. Sie holte ihren Schulabschluss nach und traf alle Vorbereitungen, um sich ein Leben in Paris aufzubauen. Als Madeleine.

Madeleines Freunde staunen manchmal, wie routiniert sie mit ihrer Behinderung umgeht, ihr steifes rechtes Bein gekonnt und relativ unauffällig nachzieht, indem sie einen kleinen Halbkreis am Boden beschreibt und gleichzeitig mit links ihr Gleichgewicht hält. Sie ist flink, und ihr Bein macht sie nicht langsamer als andere in ihrem Beruf, was sie immer wieder betont, wenn sie darauf angesprochen wird. Sie erklärt dann, dass ihr die Bewegung gut tue. Nur langes Sitzen, Stehen oder Liegen erhöhe die Steifheit. Das leuchtet den meisten dann auch ein.

Sie hat sich nicht bewusst für den Job als Kellnerin entschieden, er fiel ihr zu. Ein Job, der von vielen Mädchen und Jungs ihren Alters ausgeübt wird, um sich das Studium zu finanzieren, oder eben nur vorübergehend angenommen wird, während man sich auf die Suche nach einem lukrativeren und angeseheneren Beruf umschaut, ist für Madeleine längst zum „fixen Standbein" geworden – die Doppeldeutigkeit dieses Ausdrucks findet sie übrigens äußerst amüsant. Sie ist glücklich, in einem Ameisenhaufen netter Menschen zu arbeiten und in Milo einen so lieben Arbeitskollegen und Freund gefunden zu haben, dass ihr Vorhaben, zu studieren, immer mehr in den Hintergrund gerückt ist.

Es ist 7:46 morgens und Madeleine wacht auf …

Moment mal! Freizeit! Viel freie Zeit! Das Beste draus machen! Endlich Zeit für Sporteinheiten, ein gutes Buch, ausgiebige Telefonate oder Skypen mit ihren Freunden, für das Staffelfinale von *Elite*, für das kalorienarme Fischgericht, das sie lange schon mal kochen wollte.

Milo braucht ihre Dienste also nicht, sie hat frei. Sie kann das. Sie ist Meisterin darin, sich mit sich selbst zu beschäftigen, sie ist höchstens etwas aus der Übung. Apropos Übung: Sofort sucht sich Madeleine ein passendes Musikvideo auf YouTube, entscheidet sich für *dubstep chill mix,* breitet ihre Yogamatte aus und beginnt mit dem an ihre

Bewegungsmöglichkeiten angepassten Sonnengruß. Weitere Übungen zur Kräftigung, Lockerung und Dehnung ihrer Muskeln folgen. Das liebt sie so sehr an Yoga: den Mix aus bewusster Atmung, Anspannung und Entspannung, Kräftigung, Dehnung und Mobilisation. Wenn Madeleine im *Flow* der Übungen versinkt, vergisst sie ihr Bein.

Nach einer warmen Dusche begibt sie sich – ein Handtuch als Turban um ihr nasses Haar gewickelt – auf die Couch. Eine weitere Folge der spanischen Netflix-Serie *Elite* wartet auf sie. Später würde sie sich etwas Leichtes kochen und mit Camille telefonieren. Sie beneidet ihre Freundin insofern, als dass sich für Camille nicht viel ändert. Sie ist Krankenschwester und kann ihrem Beruf wie gewohnt nachgehen, abgesehen von den Maßnahmen, die es zu befolgen gilt: das Tragen von Masken und Handschuhen, die Desinfektion der Hände und das Abstandhalten. Die ersten drei Punkte sind für Berufstätige im medizinischen Bereich ja wohl nicht ganz unbekannt, wenn nun auch verstärkt zu befolgen. Doch Camille hat ihrer Freundin bereits beim letzten Mal Skypen fast schon entrüstet die Frage gestellt: „Wie soll ich Abstand zu meinen Patienten halten, wenn ich sie doch jeden Morgen drehen und wenden muss? Mach du mal Mobilisationsübungen auf einen Meter Abstand!“ Überhaupt haben sich die Mädchen letztens über die „verschiedenen Typen“ der Krise, die jetzt auch Europa fest im Griff hat, ausgetauscht. Schwierig erscheint es beiden, sich in diesem Dschungel verschiedenster Informationen, Hochrechnungen und Berichterstattungen zu orientieren. Was und wem soll man Glauben schenken? Madeleine und Camille picken sich aus dem Potpourri an Informationen all jene heraus, die für sie vertretbar und glaubwürdig scheinen, ohne in Panik zu verfallen. Madeleine zählt sich zur Kategorie des *kreativen Selbstoptimierers* und füllt ihren Tag mit Tätigkeiten (Yoga, Lesen, Kochen, Fernsehen, Kleider aussortieren), für die sie sonst keine Zeit hat und die ihr Freude bereiten. Sie sieht in der Krise bereits eine Chance. Zu den *Hamsterkäufern*, *Verschwörungstheoretikern* oder *Paranoikern*, die dreimal am Tag Fieber messen und hinter jedem Niesen ein Symptom sehen, gehören weder Camille noch Madeleine. Camille war sich nicht sicher, als Maddie sie dem Typ *besonnener Bürger* zuordnete, der sehr entspannt, aber deshalb nicht etwa ignorant mit den Maßnahmen umgeht. Dieser Typ versteht, warum man in Zeiten wie diesen nicht unbedingt verreisen, kulturelle Veranstaltungen besuchen oder Freunde und Verwandte treffen sollte. Er grüßt andere Spaziergänger im Park, während er immer den nötigen Abstand wahrt – dank diesem Typen, so Maddie, gäbe es sie noch: die Nähe trotz Distanz. Für Camille liege die Sache jedoch anders. Es sei wohl glasklar, dass sie zu den *systemrelevanten Helden* dieser Zeit zähle, denn ohne ihre Berufsgruppe, die Ärzte, ohne Lebensmittelverkäufer und Regalbetreuer, Apotheker oder Lastkraftwagenfahrer, würde gar nichts mehr laufen und das System zusammenbrechen. Wie auch immer. Vielleicht würden sie sich heute einig. Madeleine kann es kaum erwarten. Camille wird sich nach Dienstschluss melden.

Madeleine beginnt währenddessen eine aufgetaute Scheibe Polardorsch in der Pfanne zu dünsten und gönnt sich ein Gläschen gespritzten Weißwein, von dem sie immer wieder einen herzhaften Schluck nimmt, während sie das Essen zubereitet. So macht Kochen Spaß. Eine fein gehackte

Zwiebel wird glasiert, ein bisschen Senf, Suppenbrühe zum Ablöschen und schon bekommt der Dorsch Gesellschaft in der Pfanne. Was die Beilage betrifft, so ändert sie das Rezept wie so oft ab und dünstet ein wenig Gemüse – genauer gesagt: zwei Karotten in fein geschnittenen Scheiben und eine halbe Dose Erbsen. Madeleine verzichtet abends auf Kohlenhydrate, daran wird auch die Quarantäne nichts ändern. Als sie die Flasche Wein in das unterste Seitenfach des Kühlschrankes zurückstellt, fällt ihr auf, dass ihr die Sojamilch ausgegangen ist. Sie freut sich, dass sie am nächsten Tag einkaufen gehen „darf", schließlich ist ihr die Milch ausgegangen. In Zeiten wie diesen kommt einem Besuch im Supermarkt fast schon so viel gesellschaftliche Bedeutung zu wie einem Ausflug oder einem Treffen mit Freunden. Eine Einkaufsliste wird sie nicht benötigen, so kann sie den Besuch im Supermarkt in die Länge ziehen. Außerdem ist sie sowieso nicht der Typ für Großeinkäufe. Ginge es um die Menge der von ihr bevorzugt eingekauften Produkte, bräuchte sie im Grunde genommen nicht einmal einen Einkaufswagen. Doch sie empfand es immer schon – auch vor ihrem Unfall – als sehr angenehm, sich abzustützen und mit leicht vorgebeugtem Oberkörper und am Griff abgelegten Unterarmen gemütlich schlendernd dem ratternden Rollen der Räder zu folgen.

Es ist 8:50 morgens und Madeleine wacht auf …

Momente des Genießens: Maddie (sie liebt es, von ihren Freunden so genannt zu werden) kocht sich eine Tasse Schoko Chai Tee, wärmt sich ein *pain au chocolat* von gestern und frühstückt im Bett. Die Sojamilch und ein paar andere Lebensmittel wird sie später holen. Schließlich zählt der Moment.

Die maskentragenden Menschen im Supermarkt und in den öffentlichen Verkehrsmitteln sind inzwischen ein gewohnter Anblick geworden. Zumindest empfindet Madeleine das so. Masken, die nur dem medizinischen Personal in Operationssälen, Fußpflegerinnen, steril arbeitenden Tätowierern oder etwa Bankräubern vorbehalten waren, könnten schon bald Thema auf Paris' Laufstegen werden. An Kreativität fehlt es den Hobby-Designern wohl nicht. Heute krönt Madeleine eine Maske zur eindeutigen Siegerin, auf deren Stoff ein riesengroßer lachender Mund in Echtgröße aufgedruckt ist. Dadurch entsteht der Eindruck, als würde ihre Trägerin gar keine Maske im Gesicht haben, sondern übers ganze Gesicht lachen. Die meisten der selbst genähten Masken verfügen über seitlich angenähte elastische Bänder, um sie hinter beiden Ohren befestigen zu können. Viele designen ihre Masken nach online-Anleitungen, geschickte Hausfrauen benötigen diese nicht, durchstöbern ihre Stoffreste und nähen sozusagen „frei aus dem Kopf". Dazu benötigen sie nicht einmal die in den Supermärkten bereitliegenden sterilen Masken aus Papier oder Vlies als Vorlage. Madeleine hat noch keine selbst designte Maske, Camille hat ihr eine Packung der im Krankenhaus zur Verfügung stehenden Masken per Post geschickt, steril abgepackt, versteht sich. Allein ihr Geruch verhindere das Eindringen eines Keims, denkt Madeleine, während sie sich ein kleines, grünes Virus vorstellt, das an der Maske abprallt wie ein Vogel, der mit voller Kraft gegen eine zu gut geputzte Fensterscheibe fliegt. Wie das süße, grüne Emoji-

Monster, das sie in letzter Zeit fast jeder WhatsApp beifügt – so stellt sie sich das Virus vor, das ihr sofort richtiggehend leid tut.

Madeleine konzentriert sich wieder auf die Einkaufsliste in ihrem Kopf. Und wieder wird sie abgelenkt. Mitten im Supermarkt nimmt sie auf einmal einzelne Momente und Szenen wahr, die sie wie mit der Kamera ihres Handys festhält und zu ihrem Kopfkino macht. Dabei kommt ihr sofort die Übung in den Sinn, die sie in ihrer Therapiezeit mit den anderen „Gestörten" – so nannten sie sich immer – in der freien Natur machte. Es handelt sich um eine Achtsamkeitsübung, die unter dem wahnsinnig geistreichen Namen *Dalli Klick* für viel Gelächter und Augenrollen in ihrer Therapiegruppe sorgte. Ziel ist es, sich seiner Umgebung gewahr zu werden, Liebe zum Detail zu entwickeln, die Kraft und Magie der Gegenwart zu spüren und Momente der Achtsamkeit wie in einem persönlichen Fotobuch zu sammeln. Es ist eine Partnerübung, die auch das gegenseitige Vertrauen schulen soll. Die Anleitung lautete damals: „Dein Partner führt dich – seine Hände auf deinen Schultern – sanft und behutsam durch die Natur, während du deine Augen geschlossen hältst, im völligen Vertrauen in deinen Partner. Irgendwann hält dein Partner an, dreht dich so, dass du das von ihm gewählte Motiv in der Umgebung gut sehen kannst. Wenn er *Dalli Klick* sagt, ist das das Signal, dass du deine Augen wie die Linse einer Kamera für einen Moment öffnen darfst. Und schon hast du deine erste Momentaufnahme für dein inneres Fotobuch."

Madeleine kann sich noch gut an die sanfte und liebevolle Stimme der Gruppentherapeutin erinnern, der sie jegliche Fähigkeit, laut zu sprechen oder gar zu schreien, schlicht und einfach absprach. Dass diese Frau in ihrem Vokabular Kraftausdrücke vorrätig hat, war für Madeleine – damals Lena – ein weiteres Ding der Unmöglichkeit.

Wie dem auch sei, Madeleine steht mitten im Supermarkt und macht ihre *Dalli Klicks* ohne Partner, indem sie immer wieder für einen kurzen Moment ihre Augen schließt und sich mit dem Wagen um ihre eigene Achse dreht, abrupt stehen bleibt und ihre Augen wieder öffnet. Ihr ist es schon lange nicht mehr wichtig, was andere Leute von ihr denken. Auf diese Weise fängt Madeleine folgende Motive und Szenen für ihr inneres Fotobuch ein:

Die Dame mit dem aufgedruckten Mund auf ihrer Maske, während sie Madeleine scheinbar lachend und, ohne den nötigen Abstand eines Babyelefanten haltend, etwas perplex gegenübersteht. Ein älterer Herr, der ewig lang vor dem Regal mit Konservenbüchsen steht und unentschlossen einzelne Dosen in die Hand nimmt, um diese wieder ins Regal zu stellen. Hinter ihm ein weiterer Mann, der den älteren Herrn bereits demonstrativ mit seinem Einkaufswagen anstupst, um anzudeuten, dass auch er zu den Dosen will. Und schließlich die Kassiererin, die bereits den vierten Kunden bittet, mit Bankomat- oder Kreditkarte anstatt mit Bargeld zu bezahlen und die Madeleine sofort der Kategorie der *systemrelevanten Helden* zuordnet, wobei sie schmunzelnd an Camille denkt. Wohl allesamt keine *besonnenen Bürger*, die die Maßnahmen zum Wohle ihrer Mitmenschen so akribisch befolgen wie ihre Freundin, setzt Madeleine ihre Gedanken fort. Sie bezahlt schließlich zwei Flaschen zuckerfreier Sojamilch, zu der sich noch ein Rettich, Karotten, vier Tomaten und eine Packung Studentenfutter gesellt haben, das den Franzosen einfach nur als abgepackte Mischung diverser Nusssorten und Rosinen geläufig ist.

Auf dem Weg nach Hause beobachtet sie sich: Sie ist ruhiger geworden, ihr Leben ist zu einer Abfolge von Momenten geworden, Momente, die sie genießt. Inzwischen ist sie gar nicht mehr so traurig darüber, dass Milo anscheinend immer noch ohne ihre Hilfe zurechtkommt. Vielleicht genießt auch ihr Boss inzwischen die Zeit für sich. Ihr wird bewusst, dass sie seit der Zeit im Therapiezentrum noch nie aus eigenem Antrieb heraus eine dieser Übungen zur Achtsamkeit, Methoden zur Bewusstseinsschulung oder Techniken zur Selbstwertstärkung angewandt hat. In ihrer Wohnung stapeln sich Meditations-CDs, Selbsthilfebücher, die Titel wie *Liebe Dich selbst*, *Mein Körper & Ich* oder *Das Leben danach* tragen. Sie wurde in dieser Zeit regelrecht überfüttert mit Meditationen, Atemübungen und Einzelgesprächen, dass sie fest davon überzeugt war, mit einer solchen Überdosis im Gepäck für ihr ganzes Leben gerüstet zu sein. All diese Trainings, Bewusstseinsschulungen, Gruppen- und Einzelsettings und Therapieeinheiten bildeten die Krücke, mit deren Hilfe sie über die Brücke in ihr neues Leben schritt. Sie waren für sie nur notwendiges Übel, Teil ihrer „Pflichten“, die die Schule des Lebens ihr nun mal abverlangte.

Und heute ertappt sich Madeleine dabei, aus eigenem Willen *Dalli Klicks* zu machen!? Sollte sie das etwa beunruhigen? Eigenartigerweise freut sich Madeleine über diese Entwicklung. Heute würde sie wieder einmal meditieren, sich mit ihrem Höheren Selbst verbinden, nur um zu schauen, wie es ihm so geht. Sie nimmt sich vor, wieder einmal bewusst ein- und auszuatmen, um zu testen, ob sie es noch kann: einfach nur sein, nichts tun, nichts ist wichtig, außer ihrem Atem zu folgen und ihre Gedanken vorbeiziehen zu lassen wie Wolken, ohne sie weiterspinnen zu wollen oder ihnen die Macht zu geben, sie aus dem Moment zu reißen.

Es ist 9:10 Uhr morgens und Madeleine wacht auf …

Momente der Achtsamkeit: Inzwischen genießt sie diese ersten Minuten nach dem Wachwerden so sehr, fühlt sich sicher, entspannt und geht den Tag völlig ruhig an. Ihr Trainingsjogger und ihre Plüschschlapper mit den aufgenähten Mäuseohren, die ihre Füße jeden Morgen auf ein Neues willkommen heißen, sind bereits Freunde und treue Begleiter geworden.

Ja, sie kann es noch! Also setzt Madeleine auch die tägliche Meditation auf die Liste der erfüllenden Dinge ihres neuen Tagesablaufs. Neben ihren Yoga- und Lockerungsübungen, dem Lesen ungelesener Bücher, dem Skypen und Telefonieren mit Camille, dem Boss und anderen Freunden und dem Kochen leichter Gerichte stehen neuerdings auch wieder Spaziergänge auf der Tagesordnung. Diese sind wieder erlaubt, wie das uneingeschränkte Benützen der öffentlichen Verkehrsmittel auch, war letzteres bis vor Kurzem ja nur gestattet, um zur Arbeit zu gelangen oder um einkaufen zu gehen. Zwar alles maskiert und Abstand wahrend, aber immerhin … Maddie und ihre Freunde sind optimistisch: Es wird nicht mehr lange dauern, und sie dürften sich wieder treffen. Unter welchen Voraussetzungen das Leben in den *Brasseries* und Bars wieder stattfinden wird, auf das sind Madeleines Freunde, insbesondere

Milo, schon sehr gespannt. Kulturelle Veranstaltungen, Theater, Kino, Vernissagen, Sportveranstaltungen und überhaupt alle Anlässe, zu denen mehr als zehn Menschen kommen, müssen wohl noch länger abgesagt oder verschoben werden. Die Vernetzung übers Internet erreicht einen neuen Zenit. Noch nie nützten die Menschen die digitale Welt sowohl im privaten als auch im beruflichen Bereich in derartigem Ausmaß. Auch Madeleine muss sich eingestehen, dass ihr Kommunikationsmöglichkeiten wie Skypen, Face Time oder Zoom-Meetings zwar bekannt waren, doch von ihr wie von so vielen anderen noch nie so sehr benützt wurden.

Madeleine telefoniert gerne, das hat sie immer schon getan. Meist mit ihren Freunden. Mit ihren Eltern zu telefonieren, verlangt ihr einiges ab. In letzter Zeit jedoch beginnt wieder so etwas wie Sehnsucht in ihr zu wachsen. Plötzlich muss sie an ihre Kindheit denken, an ihr Leben als Lena, an die Zeit vor dem Unfall. Sie fühlte sich geliebt von ihrer Mutter, deren Aufmerksamkeit damals noch in gleichem Maße ihr und ihrem Vater galt. Erst nach Lenas Unfall konzentrierte sich ihre Mutter nur mehr auf ihren Mann, ein Schutzmechanismus, konnte sie den Anblick und das Leid ihrer Tochter wohl nicht länger ertragen, wie Madeleine heute weiß. Ihr Vater war immer sehr stolz auf sie. Er liebt sie, damals wie heute, nur hindern ihn seine Schuldgefühle daran, Madeleine gegenüber seine Liebe auch auszudrücken.

So liegt eine lange, unausgesprochene Geschichte zwischen Eltern und Tochter. Doch so wie Madeleine ihren Eltern bis heute keine Vorwürfe macht, haben ihre Eltern ihren Schritt akzeptiert, nach Paris zu ziehen. Und langsam, so scheint es, sät der Abstand, der Rückzug, das Besinnen auf sich selbst und das Leben an sich auch in Madeleines kleiner Familie einen zarten Samen der Heilung. Madeleine skypt inzwischen zweimal pro Woche mit ihren Eltern, die Gespräche verlassen langsam den Rahmen des oberflächlichen Small Talks. Eine Hand scheint sanft die andere zu waschen. Madeleines Mutter fragt ihre Tochter nicht nach ihrem Gewicht, und ihr Vater macht keine erniedrigende Bemerkung über ihren Job. Madeleine verzichtet im Gegenzug darauf, ihre Eltern zu überreden, endlich einmal nach Paris zu kommen – dann, wenn alles vorbei ist. Sie hat inzwischen akzeptiert, dass sie ihren Eltern den Freiraum geben muss, selbst zu entscheiden, wann sie bereit dazu sind, in das zweite Leben ihrer Tochter zu tauchen – auch mit dem Risiko, dass es vielleicht nie dazu kommen wird. Sie machen kleine Schritte aufeinander zu. In einer Zeit, die von Entschleunigung geprägt ist, bedeutet dies für alle drei das richtige Tempo. Zwischendurch gibt es natürlich auch unangenehme Gesprächspausen, die dann durch einen belanglosen Beitrag ihrer Mutter über die Blumen im Garten oder einen der vielen Witze ihres Vaters gefüllt werden – seine Witze waren noch nie lustig, was beide Frauen wissen, sich aber nicht anmerken lassen. Und schließlich sind da Momente der Ehrlichkeit, Augenblicke von wahrem Interesse, liebevoll gemeinte Fragen und authentische Antworten – weit weg von Vorwürfen oder Wertung. Ein Raum, in dem sich alle drei wohlfühlen. Wenn ihre Mutter Neuigkeiten aus der Nachbarschaft berichtet, weswegen sie ihr Mann auch heute noch als „Das St. Galler Tagblatt“ bezeichnet, lässt Madeleine sie neuerdings ausreden und ihr Vater zieht keine Grimassen mehr im Hintergrund. Auch das stellt Madeleine überrascht fest. Die Erzählungen ihrer Mutter und die Art, wie sie dem vermeintlich Belanglosen Gewicht in ihrer persönlichen kleinen Welt verleiht, wecken in Madeleine wieder ein Gefühl von Heimat. Neben Herrn Engels von nebenan, der seit Neuestem seine Tomaten verkaufe und den Bauerbachs, die mit ihrem Hund zehnmal am Tag Gassi gingen, erwähnt Madeleines Mutter auch die Schwangerschaft ihrer einstigen Schulfreundin Anna. Sie stellt Madeleine sogleich die rhetorische Frage: „Du kannst dich doch noch an Anna erinnern? Für mich scheint es wie gestern, als ich euch beide von der Schule abgeholt habe. Ihr wart zwar keine Banknachbarinnen, aber trotzdem sehr dicke Freunde. Anna hat auch ein paar Mal bei uns übernachtet. Was war die Kleine immer höflich…“ Die detaillierten Ausführungen von Madeleines Mutter hätten sogar die Hirnzellen eines Menschen mit Verlust des Langzeitgedächtnisses wieder angekurbelt. Anna, na klar – Madeleine kann sich auch ohne die Erläuterungen ihrer Mutter sofort an ihre Freundin erinnern. Schau mal einer an, Anna ist schwanger! Madeleine spürt Freude in sich aufsteigen, sie weiß nicht, warum, aber sie verspürt kurz das Bedürfnis, sich mit ihrer Freundin aus alten Zeiten auszutauschen. Wieso bloß haben sie sich derart aus den Augen verloren? Madeleine überlegt. Sie hatten nach der fünften Klasse Grundschule noch Kontakt, dann immer seltener, bis dann auch die obligatorische Geburtstags-SMS zwischen ihnen ausblieb. Es war wohl der Unfall. Nach dem Unfall stellte Lena sich derart in den Mittelpunkt ihres Lebens, dass sie ihre Außenwelt und die Menschen darin völlig löschte. Das war so eine Sache mit dem Selbstmitleid.

Seitdem sie in Paris ihr neues Leben als Madeleine lebt, das sie glücklich macht und ihr liebe, neue Freunde brachte, war in ihr die Erinnerung an ihre Heimat, die Schweiz, noch nie derart wach geworden wie in diesem Moment. Sie verspürt Dankbarkeit für die Dinge, die damals gut waren und heute gut sind. Liegt es an der vielen freien Zeit, die ihr zur Verfügung steht? An der heilsamen Annäherung an ihre Eltern? An den Gedanken an Anna? An der völlig verrückten und ungewöhnlichen Gegenwart?

Madeleine ahnt nicht, dass genau in diesem Augenblick jemand in St. Gallen ihre Nummer wählt …

Irgendwann morgens wacht Madeleine auf …

Momente der Fülle: Madeleine ist sich sicher: Heute wird ein guter Tag. Denn – wie alles in ihrem Leben – liegt es nun einmal in ihren Händen, wie sie sich ihren Tag gestaltet und wie sie sich dabei fühlen will. Heute ist sie sich ihres ganzen Potenzials bewusst, zu sein, zu tun und zu bekommen, was auch immer sie sich erträumt. Sie ist die Schöpferin ihrer Realität und der wichtigste Mensch in ihrem Leben.

Zu Mittag kocht die vierköpfige Familie gemeinsam und am frühen Nachmittag vertreten sie sich die Füße, gehen eine kleine Runde durch die Nachbarschaft, sprechen über Alltägliches, Kleinigkeiten, für Ungesagtes ist nun Raum. Der Frühling hat inzwischen Einzug gehalten, Marie hat es sich zur Gewohnheit gemacht, den Bäumen „Schönheitspreise" zu verleihen. Heute gewinnen die Magnolienbäume, die so kräftig in ihrer rosa Blüte stehen und durch ihre herausragende Pracht dem ersten Preis alle Ehre erweisen. Am Nachmittag spielen die Mädchen mit ihrem Vater und genießen den Überschuss an Zeit, den er ihnen widmet. Simone erledigt den Haushalt, zwischendurch kann sie nicht anders, als immer wieder einen Blick auf ihre drei zu werfen – und ihr Herz wird warm. Am Abend machen es sich die vier unter der großen, flauschigen Decke auf der Couch gemütlich, längst vergessene Werte werden spürbar.

NEU, ANDERS, PARADOX – GUT?

Seit jeher sind wir veränderungsresistente Wesen. Veränderungen jagen uns Angst ein. Gefestigte Systeme und gewohnte Strukturen sorgen für Sicherheit. Da aber das einzig Beständige auf der Welt der Wandel ist und sich unsere Welt derzeit in einem der massivsten Wandlungsprozesse überhaupt befindet, sind wir Erdenbewohner nun gezwungen, unsere Gewohnheiten zu ändern, diese Veränderungen zuzulassen und uns auf neue Lebensweisen einzulassen.

Nachdem wir uns vorsichtig und ein wenig misstrauisch wie zwei Hunde beschnuppert haben, wir und das Andersartige, gewinnen wir allmählich an Vertrauen, passen uns der neuen Situation durch unser Verhalten nicht nur an, sondern vermögen dem Neuen vielleicht sogar etwas Positives abzugewinnen.

Auf den ersten Blick scheint diese neue Art zu leben etwas paradox zu sein: Der Abstand, den wir zu unseren Mitmenschen halten, erzeugt auf spannende Art und Weise eine gewisse Form von Nähe, Nähe durch Distanz sozusagen. Wir ziehen alle am gleichen Strang. Gegenseitige Rücksichtnahme, Gleichgesinnung und Zusammenhalt begründen dieses Gefühl der Nähe und Verbundenheit. Menschlichkeit und Herzlichkeit sind täglich spürbar.

Ein weiters Paradoxon dieser Zeit wird sichtbar, nehmen wir den Begriff *Komfortzone* einmal näher unter die Lupe. Wir definieren unsere Komfortzone als einen für uns zur Gewohnheit gewordenen Bereich, in dem wir uns sicher fühlen und in dem uns nicht viel Neues erwartet, wir uns daher aber auch nicht weiterentwickeln und unflexibel bleiben. Die Welt um uns herum ändert sich jedoch ständig – und derzeit besonders. Unsere „Komfortzone zu verlassen“, bedeutet derzeit wohl, uns von unserer Alltags- und Arbeitsroutine und dem lieb gewonnenen weil gewohnten Tagesablauf zu verabschieden. Plötzlich sind wir auf uns selbst gestellt und sammeln Erfahrungen mit dem Übermaß an Zeit, das uns zur Verfügung steht. Das Paradoxe an der Geschichte ist aber: Um unsere Komfortzone zu verlassen und uns – dieser Redensart entsprechend – auf Neues einzulassen und dem Unbekannten zu begegnen, sind wir nun gezwungen, in eben dieser zu bleiben. Wir bleiben zuhause und sind gezwungen, sehr viel Zeit mit uns selbst zu verbringen. Und das ist vielen von uns völlig neu!

Neben all dem Neuartigen, den Veränderungen, die wir derzeit durchleben und dem teilweise Paradoxen schwingt immer auch eine der Grundemotionen des Menschen mit: Angst. Den Abstand, den wir zu unseren Mitmenschen halten sollen, die Quarantäne, das Tragen eines Mund- und Nasenschutzes, das häufige Desinfizieren der Hände und viele weitere Maßnahmen, die es derzeit zu befolgen gilt, machen es uns nicht leicht, Ruhe zu bewahren und im Vertrauen zu bleiben. Doch machen wir uns eines bewusst: All diese uns aufoktroyierten Verhaltensregeln sind es nicht, die unsere neue Art zu leben charakterisieren. Verleihen wir ihnen also nicht zu viel Gewicht. Betrachten wir sie lediglich als Äußerlichkeiten, als vorübergehende Hilfsmittel, die uns zur Hand gereicht werden, um uns an die neue Situation zu gewöhnen. All diese neuen Maßnahmen sollten uns auffordern, wachsam zu bleiben und neugierig zu sein auf das, was kommt. Sind wir willens, im Vertrauen zu bleiben, so entziehen wir auch der letzten Verhaltensregel ihren Schrecken. „Abstandhalten“ in „Nähe durch Distanz“ umzuformulieren, die „häusliche Quarantäne“ als „gemütliche Komfortzone“ zu bezeichnen und im Händewaschen eine Art Reinigungsritual zu sehen, sind Möglichkeiten, dem Neuen und Andersartigen mit einer gewissen Leichtigkeit zu begegnen. Von den unzähligen Varianten an hübschen, lustigen und einfallsreichen selbst geschneiderten Masken ganz zu schweigen. Nehmen wir der Angst ihren Schrecken und fokussieren wir in jeder auch noch so schwierigen ungewohnten Situation das Gute!

Haben wir uns bisher dann und wann über die Dominanz der sozialen Medien beschwert, so rücken Handy und Internet als einzige Möglichkeiten des sozialen Kontakts und als berufliche Tools Nummer eins in vielen Haushalten in den Vordergrund. Anglizismen wie *Homeoffice, Homeschooling, e-learning, Video zoom, Livestream* und *Social distancing* haben wir bereits mühelos in unseren Wortschatz integriert.

Regionalität erlangt wieder einen größeren Stellenwert in unserem täglichen Leben. Nicht nur, dass wir den Weg zum nächstgelegenen Supermarkt gerne mit einem kurzen Spaziergang an der frischen Luft verbinden, wir entscheiden uns auch wieder einmal für die frischen Eier vom Bauern, der zum Nahversorgungsspezialist avanciert ist. An Ortseinfahrten wird bereits auf großen Schildern der Ab-Hof-Verkauf angepriesen. Viele Landwirte und andere Selbstversorgungsbetreiber haben kreative Ideen geboren und diese ohne zu zögern in die Tat umgesetzt. Diese reichen vom Frischobst-Drive-in (uns bekannt durch diverse Fast-Food-Ketten), Selbstbedienungsschuppen vor dem eigenen Landhof (die Bezahlung erfolgt dort auf Vertrauensbasis) bis hin zu Whiskey- und Schnapsbrennereien, die nun auf Desinfektionsmittelproduktion umgestellt haben. Wir halten zusammen, entwickeln gemeinsam Strategien – von Menschen für Menschen –, und trotz des Abstandes und der mobilen Einschränkungen kommen wir uns näher.

Begegnen wir bei unseren täglichen Kurzausflügen an der frischen Luft anderen Spaziergängern, Joggern oder Hundebesitzern, so säumen wir rücksichtsvoll den Wegrand, lächeln uns zu und grüßen einander in dem Wissen, dass wir zum Wohle aller handeln, indem wir uns nicht von der Angst kontrollieren lassen und im Vertrauen bleiben. Dieses Wissen verbindet uns wie ein zartes Band.

In den Supermärkten – wie oft haben wir uns über Warteschlangen an der Kasse beschwert – sind wir dankbar, dass es Menschen gibt, die dort die Stellung halten und ohne Zögern ihren Job machen. So kommt es nicht selten vor, dass wir der Kassiererin oder der Dame, die gerade unermüdlich die Regale nachschlichtet, ein „Danke fürs Durchhalten!" entgegenbringen. Sie danken es uns ihrerseits mit einem Lächeln, das uns Bestätigung genug sein sollte, dass wir uns menschlich in die richtige Richtung bewegen.

Auch die gelben Balken vor Post- und Bankschaltern, die seit jeher die Diskretionszone markieren sollen und uns auffordern, Abstand zum Vordermann zu halten, scheinen ihre Notwendigkeit verloren zu haben, weil in unseren Köpfen längst schon der Slogan *„Nähe durch Distanz"* aufblinkt wie eine Signalleuchte.

Bereits jetzt stellen wir fest, dass wir aufmerksamer und wacher durchs Leben gehen. Wir nehmen uns selbst und unsere Außenwelt bewusster wahr, wir begegnen anderen mit mehr Respekt und nehmen aufeinander Rücksicht.

SIMONE –
Mutter und Tochter

Vieles verändert sich in diesen Tagen. Einem Großteil der Menschen jagt die derzeitige Entwicklung Angst und Panik ein, viele sehen sich in ihren Grundrechten verletzt und beschweren sich über die Maßnahmen und Verhaltensregeln, die die Regierung den Menschen aufoktroyiert, andere versuchen, das Beste aus der neuen Situation zu machen und ihr vielleicht sogar etwas Positives abzugewinnen. Simone zählt sich zu den letzteren, ein Tag im Leben der Ehefrau und Mutter zweier Kinder sieht derzeit folgendermaßen aus:

Simone bringt ihre Tochter Marie nicht wie üblich in den Kindergarten, da dieser auf ungewisse Zeit geschlossen bleibt. Lara, die ältere der beiden Töchter, sitzt am großen Küchentisch und erledigt ihre Schulpflichten per *e-learning*. Ihr gegenüber sitzt – in einer Art Doppelkonferenz – ihr Vater, der seinen beruflichen Tätigkeiten über *Homeoffice* nachgeht, ein weiterer Begriff, der zur Zeit für Furore sorgt. Der Tag ist gut durchstrukturiert. Zu Mittag kocht die vierköpfige Familie gemeinsam und am frühen Nachmittag vertreten sie sich die Füße, gehen eine kleine Runde durch die Nachbarschaft, sprechen über Alltägliches, Kleinigkeiten, für Ungesagtes ist nun Raum. Der Frühling hat inzwischen Einzug gehalten, Marie hat es sich zur Gewohnheit gemacht, den Bäumen „Schönheitspreise" zu verleihen. Heute gewinnen die Magnolienbäume, die so kräftig in ihrer rosa Blüte stehen und durch ihre herausragende Pracht dem ersten Preis alle Ehre erweisen. Am Nachmittag spielen die Mädchen mit ihrem Vater und genießen den Überschuss an Zeit, den er ihnen widmet. Simone erledigt den Haushalt, zwischendurch kann sie nicht anders, als immer wieder einen Blick auf ihre drei zu werfen – und ihr Herz wird warm. Am Abend machen es sich die vier unter der großen, flauschigen Decke auf der Couch gemütlich, längst vergessene Werte werden spürbar.

Wenn Simone einen Tag wie diesen Revue passieren lässt, so ist sie glücklich, obwohl der Grund, der nun auch fast ganz Europa unter häusliche Quarantäne stellt, ein so trauriger ist. Für viele Menschen mit diversen Vorerkrankungen oder einem geschwächten Immunsystem, vor allem aber für die bereits von der Krankheit Betroffenen und ihre Angehörigen, muss die Gegenwart sehr bedrohlich sein. Und doch, so ist sich Simone sicher, offenbart diese fremdartige, noch nie da gewesene Zeit voller Ungewissheit auch eine schöne Seite, da sie viele Chancen in sich birgt, weil sie die Menschen dazu bringt, zur Ruhe zu kommen, zu Hause zu bleiben und in Vergessenheit geratene Alltäglichkeiten, die das Leben erst lebenswert machen, wieder schätzen zu lernen. Sie gesteht sich ein, dass sie es in vollen Zügen genießt, ihre Familie nun so eng um sich haben „zu müssen“.

Simone ist es schier unverständlich, dass sich die Nachbarn über die jetzige Situation derart beschweren, die Vehemenz der Quarantäneregelung kritisieren, über die schlechten Hygienezustände in den Krankenhäusern lamentieren und hitzige Worte über Regierung und Politik verlieren. Sie beklagen sich darüber, ihre Kinder nun auch verstärkt schulisch unterstützen und zu gewissen Teilen auch die Arbeit der Lehrer übernehmen zu müssen. Ihre Männer würden sie dabei den ganzen Tag nur schwer „ertragen“. Simone befürchtet schon, dass es sich der liebe gute Frühling, der sich in den Gärten Merans bereits so wunderschön entfaltet, ob dieser mancherorts dicken Luft am Ende anders überlegen könnte, und die Blumen ihre Köpfchen hängen lassen würden. Sie entschließt sich kurzerhand, dem entgegenzuwirken und für bessere Stimmung in der Nachbarschaft zu sorgen, schnappt sich das aus feinster Zirbe geschnitzte Tableau, platziert vier Schnapsgläser darauf und geht in den Garten, um die Nachbarinnen an ihren Zaun zu holen – auf Abstand natürlich. Sie würde ihnen schon die schönen Seite der Quarantäne schmackhaft machen.

Vor der Geburt ihrer ersten Tochter Lara war Simone als Masseurin in einem Wellnesshotel tätig – Südtirol gilt als Pionier in Sachen Wellnesstrends. Die vielschichtig interessierte Ehefrau und Mutter ist eine erfahrene Lebenskünstlerin und Meisterin in Sachen Hilfe zur Selbsthilfe. Zumindest was andere betrifft. Ihre Familie, ihre zahlreichen Freunde und viele ihrer Mitmenschen schätzen ihre unkomplizierte und fröhliche Art und die Fähigkeit, auch den widrigsten Umständen etwas Positives abzugewinnen. Sie konzentriert sich nie auf das Problem, sondern hat immer schon die Lösung im Fokus. Würde man eine Stellenbeschreibung für den Beruf „Mutter“ ausschreiben, stände diese Eigenschaft, die Lösungsorientiertheit, wohl ganz oben in ihrem Profil. Wie andere Multitalente namens „Mutter“ auch, fungiert die selbstsichere Südtirolerin als Terminplanerin, Beichtmutter, Harmoniestifterin, Lebens- und Sozialberaterin, Streitschlichterin, Haushälterin, Köchin, Freundin, Ehefrau und Geliebte. Neben ihrer positiven Grundeinstellung zum Leben – Simone hat das Glas immer schon als halb voll betrachtet – sieht sie einen tieferen Sinn in Ereignissen, die anderen auf den ersten Blick als hoffnungslos erscheinen, ja sogar hinter Schicksalsschlägen oder Unfällen vermutet sie eine höhere Macht. Sie akzeptiert das Leben, wie es eben so spielt, sie lebt im Moment.

Das bedeutet nicht, dass sie nicht auch Schmerz empfinden und trauern kann. Vor fünf Jahren hat sie ihren Vater verloren, der an Darmkrebs erkrankt und den Folgen dieser schweren Krankheit relativ zügig erlegen ist. Doch auch diesem Schicksalsschlag, der ihre Familie und sie selbst hautnah betroffen hat, misst Simone eine tiefere Bedeutung zu und sieht die Symbolik, die hinter der Krankheit steckt. Wie keinem anderen ist ihr bewusst, dass ihr Vater sein ganzes Leben Dinge in sich „hineingefressen“ hat. Tiefe Verletzungen aus seiner Kindheit, verdrängte Wut und eine dem Leben gegenüber empfundene Sinnlosigkeit waren es, die er wie einen großen Rucksack durch sein Leben zu tragen schien. Er machte stets ein Geheimnis aus seiner verborgenen Trauer und den Schuldgefühlen, die an seinem Selbst nagten. Nur die Menschen, die ihm sehr nahe waren und die ihn liebten, wussten Bescheid: Simones Mutter und sie selbst. Als Einzelkind kam Simone zwar in den Genuss der ungeteilten elterlichen Liebe und Zuneigung, sah sich aber gleichermaßen auch immer verpflichtet, für Harmonie zu sorgen. Die Teilnahmslosigkeit ihres Vaters glich sie durch ihren Humor und ihre gute Laune aus, und den Stimmungsschwankungen ihrer Mutter begegnete sie stets mit unbändigem Verständnis und Mitgefühl. Unbewusst übernahm sie die Verantwortung für das Wohlergehen der kleinen Familie, was eigentlich nicht zu den Aufgaben einer Tochter gehören sollte. Sie versuchte oft, ihren Vater zum Reden zu bringen, wollte mehr über den Schmerz erfahren, der sich im Alltag über Umwege einen Weg an die Oberfläche suchte: Wenn er sie tadelte, ohne dass sie auch nur im Entferntesten Schuld traf, wenn ihm das Essen nicht schmeckte und er seinen Groll an Simones Mutter ausließ oder wenn er sich nach der Arbeit schweigend zurückzog. Wäre da nicht das Malen gewesen. Malen war der einzige Weg, sich wenigstens ein Stück weit mit seiner Vergangenheit auszusöhnen. Seine Aquarellbilder schmückten nicht nur Simones ehemaliges Kinderzimmer, sondern verschönern auch jetzt noch viele Bereiche des Einfamilienhauses, in dem sie heute mit ihrer eigenen Familie wohnt. Simone liebt seine Bilder, weil sie ihr den einzigen Zugang zum Seelenleben ihres Vaters gewähren. Im Wort *Aquarell* steckt der Begriff *Aqua*, also *Wasser*, was wiederum symbolisch für Gefühle steht. Simone ist deshalb keineswegs überrascht, dass ihr Vater immer Farben wählte, die stark mit Wasser gemischt werden und weniger Farb- und Deckkraft haben als beispielsweise satte Ölfarben. Er ließ seinen Gefühlen in Aquarellfarben freien Lauf, die Leinwand fungierte als sein stiller Therapeut. Als er schließlich das Pensionsalter erreichte, hatte es den Anschein, als würde er sich seine gesamte Vergangenheit von der Seele malen. Er wurde ruhiger, ausgeglichener. Der laute, verletzte Bär in ihm schien zu schlummern. Doch dass dieses Schlummern in einen endlosen, heilsamen Winterschlaf übergehen sollte, ahnte keiner. Tief in seinen Zellen hatten sich die vielen unverarbeiteten Themen bereits zu einem Geschwür zusammengeballt. Vom Zeitpunkt der Diagnose bis zu seinem Tod dauerte es keine vier Wochen. Während dieser kurzen, wenn auch wertvollen Zeit ist es Simone auf wundersame Art und Weise gelungen, an der harten Schale zu kratzen, bestimmte Ereignisse aus ihrem Vater herauszulocken, sodass es ihm schließlich möglich war, in Frieden zu gehen. Er erzählte Simone keine großartigen Details, doch zum ersten Mal – so hatte Simone das Gefühl – konnte er seine Vergangenheit als Teil seines Lebens akzeptieren. Für die schönen Kapitel seines Lebens war er dankbar, die weniger schönen und traumatischen Ereignisse seiner Kindheit konnte er schließlich loslassen. Er musste 69 Jahre alt werden, um am eigenen Leib zu erfahren, dass Heilung und Frieden nur durch eins erreicht werden können: durch Vergebung. Kurz bevor er seinen letzten Atemzug machte, vergab er schließlich nicht nur seinen Eltern, sondern vor allem – was viel wichtiger war – auch sich selbst.

Bis heute weiß Simone nicht, wie sie die Kraft aufzubringen vermochte, jeden Tag ins Krankenhaus zu fahren, an seinem Bett zu sitzen, seine Hand zu halten, sich ihren Schmerz zu verkneifen und für später aufzubewahren. Es erschien ihr als wenig förderlich, ihrem Vater durch die Offenbarung ihres Schmerzes nur noch mehr Schuldgefühle zu machen. Es war bereits schwer genug für ihn, seine beiden Frauen alleine zurücklassen zu müssen. Ihre Mutter vermochte diese Kraft nicht aufzubringen. Wann immer Simone bei ihrem Vater war, wartete sie draußen vor der Tür, und Simone hörte sie leise schluchzen. Erst als Simone außer Sichtweite war, um zwei Kaffee aus dem Automaten zu holen oder mit den Dienst habenden Ärzten und Schwestern zu sprechen, nahm sie schweigend am Rand des Krankenbettes ihres Mannes Platz, unfähig, die vermeintlich richtigen Worte zu finden. Doch vielleicht brauchte es diese von ihrer Seite auch gar nicht. Beide Frauen fanden ihren eigenen Weg, sich von Ehemann und Vater zu verabschieden.

Erst nach seinem Tod ist Simone bewusst geworden, dass sie ihren Vater trotz seiner Verschlossenheit immer schon besser verstanden hat als ihre Mutter, die ihre Emotionen seit jeher hemmungslos auf den Tisch gelegt und andere damit oft restlos überfordert hat. Simone kennt ihre Mutter und weiß, wie sie mit deren Gefühlsachterbahnen umzugehen hat. Manchmal aber – und besonders in letzter Zeit – stellt sie vermehrt fest, dass ihre Mutter es vermag, sie durch ihr Verhalten richtiggehend zur Weißglut zu bringen. Und das jagt Simone Angst ein, weil sie diese Emotion an sich bis dato noch nicht kannte. Ja sicher, sie ärgert sich, wenn ihr Mann Andreas seine Kleidungsstücke im gesamten Haus verteilt, und auch ihre beiden Mädchen Lara und Marie strapazieren regelmäßig ihre Nerven. Aber Wut und Aggression sind für Simone bislang fremde Emotionen. Unterdrückt auch sie Erlebnisse aus ihrer Vergangenheit?

Am Abend blickt sie das erste Mal auf ihr Handy: vier Anrufe in Abwesenheit gefolgt von einer SMS: „Ruf mich bitte zurück!“ Simone wundert sich immer darüber, dass eine zusätzliche SMS nötig ist, um die Dringlichkeit eines Anrufs zu verdeutlichen, der mehrmals getätigt wurde. Sie versteht natürlich, dass sich ihre Mutter besonders in Zeiten der Quarantäne einsam fühlt, ja, natürlich wäre es schön, wenn sie wie so oft einfach auf einen Sprung vorbeikommen könnte, ja, Simone fehlt ihr Vater auch und, ja, die Maßnahmen sind zu strikt, Freiheitsberaubung, Maskenpflicht, Abstand halten, ja und nochmals ja…

Simones Mutter ist vor fünf Jahren in eine kleine, entzückende Parterrewohnung ganz in Simones Nähe gezogen, das alte Haus – gespickt von Erinnerungen an ihren Mann – wurde zu groß und zu leer. Andreas und Simone unterstützten sie dabei, das Haus zu verkaufen, übersiedelten ihr Hab und Gut, sortierten die Sachen ihres Vaters aus, verkauften einiges auf Ebay, verschenkten vieles. Seine Bilder behielten sie jedoch ausnahmslos. Sie gaben ihr Bestes, um Simones Mutter den Start in den für sie so fremden, neuen Lebensabschnitt so leicht wie möglich zu gestalten.

Es hat nicht lange gedauert, bis es zur Gewohnheit geworden ist, dass Simones Mutter zwei- bis dreimal pro Woche auf einen Sprung vorbeikam, ihrer Tochter im Haushalt half, Unkraut im Garten zupfte und Lara von der Schule oder Marie vom Kindergarten abholte, um anschließend zum Mittagessen zu bleiben. Erst jetzt, da dies durch die Quarantäneregeln nicht mehr möglich ist, wird Simone bewusst, dass ihr diese Besuche – ihre Mutter stand teilweise plötzlich und unangemeldet im Garten – eigentlich nicht sonderlich fehlten. Beschwert sie sich gerade über die Hilfsbereitschaft ihrer Mutter? Warum empfindet sie es plötzlich als befreiend, einmal Ruhe zu haben von der Außenwelt? Zählt sie ihre Mutter, mit der sie so lange unter einem Dach gelebt hat, etwa plötzlich zu dieser Außenwelt? Was ist los mit ihr? Ist sie es etwa leid, die Tochter zu sein, die immer für Harmonie sorgt? Liegt es an der traurigen Tatsache, dass ihr Vater nicht mehr am Leben ist, dass sie sich nun für das Glück ihrer Mutter verantwortlich fühlt? Es bereitet ihr sonst doch so viel Freude, die Menschen in ihrem Umfeld glücklich zu machen? Darin ist sie gut, sie liebt es, Aufmerksamkeit zu schenken, ein

Kompliment da, eine humorvolle Anmerkung dort und – sofern vom Gegenüber erwünscht – auch mal eine Umarmung. Es fällt ihr leicht, freundlich und zuvorkommend zu sein, weil es ihrer Natur entspricht. Warum geht es ihr nicht so leicht von der Hand, den Wünschen ihrer Mutter zu entsprechen?

Es sind Fragen wie diese, die Simone nun schon seit geraumer Zeit beschäftigen. Sie hat das Verhältnis zu ihrer Mutter im Rahmen der wöchentlichen Telefonate mit ihren Freundinnen plötzlich verstärkt zum Thema gemacht und auch mit ihrem Mann Andreas abends bei einer guten Flasche Südtiroler Lagrein des Öfteren diskutiert. Und nicht zuletzt durch diesen wertvollen Meinungsaustausch ist ihr schließlich vor allen Dingen eines klar geworden: Ihre Mutter hat ihr Glück immer schon von anderen Menschen oder äußeren Umständen abhängig gemacht. Nichts befriedigte sie anscheinend mehr, als ihren Mann zu umsorgen und auch Simone all ihre Wünsche von den Augen abzulesen, um dafür dann irgendwann Lob und Anerkennung einzufordern. Und doch ist Simone ihrer Mutter für vieles dankbar, hat diese ihr nicht zuletzt Tugenden wie Großzügigkeit und Liebesfähigkeit und ihre familiäre und zwischenmenschliche Ader weitergegeben.

Als Simone auszog, um ihre eigene Familie zu gründen, und dann auch noch der geliebte Ehemann verstarb, schien ihre Mutter ihren gesamten Lebensinhalt verloren zu haben. Eine Welt brach für die 65-Jährige zusammen. Ein Großteil ihrer Trauer – da ist sich Simone sicher – gründete allerdings in ihrem Selbstmitleid.

Trotz der hübschen Neubauwohnung, der unbegrenzten Unterstützung ihrer Tochter und des Schwiegersohnes, der

Gesellschaft ihrer Freunde und Bekannten ist es Simones Mutter bis heute nicht gelungen, sprichwörtlich ihres eigenen Glückes Schmiedin zu sein. Ihr fehlt nach wie vor eine Aufgabe und dafür macht sie andere verantwortlich. Dies äußert sich in direkt ausgesprochenen oder versteckten Wünschen oder subtilen Feststellungen, aus denen ein geschultes Ohr wie das ihrer Tochter sofort Erwartungen und Forderungen heraushört. Und dieser leichte, emotionale Druck, die bewusste oder unbewusste Absicht, in ihrer Tochter ein schlechtes Gewissen zu wecken, wird Simone erst gegenwärtig so richtig bewusst. Simone ist damit wohl nicht allein, das ist ihr klar. In vielen Familien führt der allgemeine *Shutdown*, die Zeit der strikten Quarantäne, wohl dazu, dass Konflikte an die Oberfläche treten, lange aufgeschobene oder verdrängte Themen besprochen werden wollen und bestimmte Verhaltensweisen, die zur Gewohnheit geworden sind, plötzlich in Frage gestellt werden. Simones Mutter, die das erste Mal so richtig auf sich selbst gestellt ist, sieht in der Quarantäne jedoch nichts als eine Tragödie. Und sogar in der jetzigen Situation, für die nun wirklich niemand in ihrem Umfeld etwas kann, macht sie andere für ihr Unglück verantwortlich – allen voran: ihre Tochter.

Simone jagen zahlreiche Beispiele durch den Kopf. Den Satz „Wir haben uns jetzt seit Wochen nicht mehr gesehen!“ betrachtet Simone längst nicht mehr als bloße Feststellung, die eine massive Übertreibung beinhaltet, sondern als eindeutigen Vorwurf. Es ist diese ständige, unterschwellige Erwartungshaltung ihrer Mutter, die es ihr als Tochter geradezu unmöglich macht, ihre Bedürfnisse und Ansprüche von Herzen und aus freiem Willen zu stillen.

Bei vielen anderen Menschen fällt es Simone derart leicht, zu geben, und dies unabhängig davon, ob sie im Gegenzug etwas zurückbekommt. Simone glaubt daran, dass das Universum Wege bereithält, um von anderer Stelle aus etwas für ihr bedingungsloses Geben zu empfangen. *„Gutes zieht Gutes an!"*, ein weiteres ihrer Lebensmottos. So sollte es sein, ein natürliches Fließen zwischen Geben und Nehmen. Wieso fällt ihr das Geben bei ihrer Mutter derart schwer? Wieso spürt sie diese Wut in sich aufsteigen?

Noch eines wird Simone dieser Tage klar: Neben der Unfähigkeit, mit sich selbst Zeit zu verbringen oder gar als selbstbewusste Frau durch ein neues – zugegebenermaßen anfangs nicht leichtes – Leben zu gehen, hindert ihre Mutter neben ihrer Erwartungshaltung auch noch ein bestimmter Glaubensgrundsatz daran, wunschlos glücklich zu sein. Seit jeher hat sie ihrem Mann und ihrer Tochter vermittelt: *„Das Leben ist schwer!"* Und dieses Opferbewusstsein findet sich in vielen ihrer Handlungen wieder. Simones Mutter fallen gewisse Dinge, die für andere Menschen ganz normal sind, schwer. Sie empfindet vieles als mühsam und fühlt sich trotz der blendenden körperlichen Gesundheit, die ihr ihr Hausarzt bereits mehrmals attestiert hat, sehr oft müde. Hat sie ihre Hausarbeit erledigt, so wird dies vor anderen im kleinsten Detail ausgeführt, um Lob dafür zu ernten. Sie kommentiert ständig alles und fordert Simones Meinung zu diesem oder jenem. Milliarden von Frauen erledigen den Haushalt, ziehen Kinder groß, sehen sich mit alltäglichen Problemen konfrontiert, Simones Mutter meint jedoch, sich ständig dafür belohnen zu müssen. Es spricht freilich nichts dagegen, sich selbst etwas Gutes zu tun, sich etwas wert zu sein und sich verwöhnen zu lassen. Doch es jedes Mal derart zu betonen und zu zelebrieren, wenn ein Friseur- oder Kosmetikbesuch ansteht, wie ihre Mutter es zu tun pflegt, erscheint Simone auf einmal als übertrieben und zeugt von ihrem fehlenden Selbstbewusstsein. „Die Woche ist wieder so anstrengend gewesen, und die Launen deines Vaters sind wieder einmal kaum zu ertragen!“, gehörte zu einem der Standardsätze ihrer Mutter, als ihr Vater noch lebte. Und deshalb müsse sie sich jetzt unbedingt wieder einmal eine wohlverdiente Auszeit gönnen und mit einer ihrer Freundinnen ein Wellnesswochenende verbringen. Einem Kind gleich erwartet sie von ihrem Umfeld Lobeshymnen für Tätigkeiten oder Aufgaben, die für andere selbstverständlich sind. Wird diese Erwartung nicht erfüllt, zerfließt sie in Selbstmitleid.

Auch jammert sie sehr gerne über Umstände, die nun einmal nicht zu ändern sind. Eine ihrer längsten Freundinnen habe ihr gemeinsam geplantes Wellnesswochenende abgesagt. Seitdem sie diesen neuen Lebenspartner habe, wolle diese immer weniger Zeit mit ihr verbringen. Simone ist sofort klar, dass der bloße Neid aus ihrer Mutter spricht, eine Eigenschaft, die sie zutiefst ablehnt. Außerdem hätten die beiden Damen den Wellnessurlaub sowieso stornieren müssen, da die Grenzen in der Zeit ihres geplanten Kurzurlaubes gesperrt sind. Simones Mutter beklagt sich auch liebend gerne über den nachtaktiven Nachbarn im Stock über ihr, die psychischen Verstimmungen einer Freundin, sie erwähnt Schicksalsschläge, Scheidungen, Krankheitsfälle und andere negative Ereignisse aus dem Bekanntenkreis, anstatt sich endlich einmal auf die Zuckerseiten des Lebens zu konzentrieren. Simone kommt zu dem Schluss, dass ihre Mutter Profi darin ist, unglücklich zu sein.

Es verhält sich nicht etwa so, dass Simone noch keinerlei Versuche unternommen hätte, ihrer Mutter in Sachen Glück auf die Sprünge zu helfen und ihr mit Aufmunterungen und Tipps zu einem erfüllenden Alltagsleben zur Seite zu stehen: „Mami, das ist der Lauf der Dinge. So spielt das Leben. Das ist kein Weltuntergang! Konzentrier dich auf das Positive in deinem Leben, genieß deine wunderschöne Wohnung, den kleinen Garten, sei dankbar für die vielen Sachen, die du hast, anstatt dich darüber zu beschweren, was dir fehlt. Du hast so viele liebe Menschen um dich. Du musst nur genauer hinsehen!"

Vor vielleicht gut einem Jahr hat Simone ihrer Mutter einen langen Brief geschrieben, in dem sie vorsichtig zum Ausdruck gebracht hat, was ihr alles im gegenseitigen Umgang miteinander auffällt. Sie hat sich dabei bemüht, nur über ihre Gefühle zu schreiben, auf Du-Botschaften und Schuldzuweisungen zu verzichten. Sie hat einen behutsamen Versuch gewagt, ihrer Mutter zu verdeutlichen, wie schwer es ihr manchmal fällt, ihr alles recht zu machen. Dieser Brief hat – wie zu erwarten war – nicht viel genützt. Die Reaktion ihrer Mutter bestand vielmehr in einem dankbaren und höflichen Abtun des Ganzen: „Es ist lieb von dir, dass du dir so viel Zeit genommen hast, deiner Mami einen so langen, ehrlichen und gefühlvollen Brief zu schreiben. Du weißt, dass es keinen Grund gibt, dich so zu fühlen, wir haben uns immer bemüht, dass du dich wohlfühlst. Wenn uns – oder besser gesagt mir – das nicht immer gelungen ist, so tut es mir leid. Aber du bist einfach so eine Liebe, und ich habe immer das Gefühl, dass du gerne gibst und anderen hilfst und dass es dir seit jeher eine Freude bereitet, für Harmonie zu sorgen! Und außerdem helfe ich dir ja auch gerne, wo ich nur kann und greife dir unter die Arme. Ich genieße die Zeit mit dir und den Kindern einfach so. Bitte nimm sie mir nicht! Darf deine Mutter denn keine Wünsche haben?“ – Nein, ihre Mutter hatte wirklich nichts verstanden. Simone hat zu diesem Zeitpunkt resigniert, eine weitere Konfrontation auf irgendwann aufgeschoben. Auch weiterhin würde sie ihre Mutter verteidigen und deren Verhalten rechtfertigen, wenn diese wieder einmal ihren jammernden Unterton anklingen lassen, ihren Schwiegersohn wie selbstverständlich für Reparaturen in ihrer Wohnung einspannen oder sich über andere Kleinigkeiten ihres Lebens beschweren würde. Andreas meinte damals, es sei ein Irrglaube, einen Menschen und dessen Verhalten ändern zu können. Das gab Simone zu denken …

Diese Wut, die sich momentan in ihr ausbreitet, die ist Simone wie gesagt völlig neu und noch nie da gewesen. Wie gerne würde sie den Mut aufbringen, ihrer Mutter, neben all den wohl gemeinten Tipps und Tricks für ein glückliches Lebens und den liebevoll formulierten Aufforderungen, endlich einmal selbst Verantwortung für ihr Leben zu übernehmen, so richtig die Meinung zu sagen und ihr einfach einmal alles vor den Latz zu knallen: Dass sie es leid wäre, für das Glück ihrer Mutter verantwortlich gemacht zu werden, deren Erwartungen zu erfüllen und dreimal die Woche Babysitterin zu spielen. Während ihre Mutter die Tatsache, dass sie Simone mehrmals pro Woche zur Hand geht, ihrer Tochter im Garten hilft und die Enkelkinder abholt, als einen Akt der Hilfsbereitschaft betrachtet, empfindet Simone ihre Mutter nämlich – wie sie sich derzeit offen und ehrlich eingesteht – lediglich als drittes Kind am Mittagstisch.

Komisch, Simone weiß sich das erste Mal nicht zu helfen. Die Hilfe zur Selbsthilfe funktioniert einfach viel besser bei anderen. Was würde sie einer Freundin, die sich in einer ähnlichen Lage befände, wohl raten? „Nein, ich bin überfordert! Es fehlt mir an der nötigen Objektivität! Es ist an der Zeit, Lucia anzurufen!", spricht Simone ihre Gedanken laut aus.

Die ehemalige Arbeitskollegin, die nun in Barcelona wohnt und deren direkte, fröhliche und unbeschwerte Art für Simone immer derart inspirierend ist, würde schon wissen, was zu tun sei. Sie lächelt in Gedanken. Lucia hat damals im gleichen Wellnesshotel gearbeitet, in dem Simone als Masseurin tätig gewesen ist. Inzwischen ist sie in die wunderschöne, direkt am Meer gelegene spanische Stadt gezogen, um sich ihren Traum von einem eigenen Kosmetikinstitut zu erfüllen. Sie hat es geschafft! Bravo! Simone liebt es, wenn Menschen ihre Träume leben.

Schon während Simone Lucia die aktuelle Situation mit ihrer Mutter schildert, rechnet sie mit einer Reaktion wie etwa dieser: „Meine liebste Simonetta, du unverwüstliche Diplomatin. Du hast über 30 Jahre gebraucht, um endlich auf den Geschmack zu kommen, dich deiner Mutter gegenüber zu emanzipieren, nicht mehr das brave und liebe Töchterlein zu sein, das alles zusammenhält. Mir scheint, du hast es satt, dich anzupassen. Die Wut in dir ist das erste Anzeichen! Gut so! Ja, deine Mutter spielt ihre Opferrolle geradezu grandios – du, meine Liebe, hast dir aber auch schon den Oscar im Geben, Retten und Schlichten verdient." Lucia holt Luft und Simone nützt dies, um den rauschenden Wortschwall ihrer Freundin fürs Erste zu unterbrechen: „Ja soll ich meine Wut ihr gegenüber ausdrücken? Was meinst du? Einmal nicht auf die nette Art, einfach mal alles aus mir rausbrüllen und sie mit meinen Vorwürfen konfrontieren? Oh Gott, das kann ich mir gar nicht vorstellen. Nicht einmal nach einer Flasche von Andreas‘ gutem Rotwein! Meine Mutter wäre zu Tode gekränkt und würde mir das nie verzeihen, einmal mehr würde sie in Selbstmitleid zerfließen und mir ein Leben lang Vorwürfe machen! Aber einen Weg muss es doch geben, ich kann nicht immer alles an Andreas‘ Boxsack auslassen. Das schafft mir nur kurzfristig Befriedigung!“

Simone hört Lucias Lachen, anschließend meint die Freundin: „Nein, mit deiner Aggression wüsste deine Mutter erstens einmal nicht umzugehen und zweitens würde das auch nicht zum Ergebnis führen, dass sie deine Betrachtungsweise und dein Gefühlsleben akzeptiert, geschweige denn versteht. Vor allen Dingen wird sie ihr Verhalten nicht ändern. Denn in ihren Augen macht sie nichts falsch. Aber weißt du was?“

Simone geht nervös im Garten hin und her. Wann immer in letzter Zeit das Thema auf ihre Mutter fällt, erhöht sich ihr Pulsschlag, ihre Stimme wird lauter und sie beginnt hastiger und schneller zu sprechen. All das konnte Lucia bereits während des letzten Telefonats mit ihr beobachten. „Nein, weiß ich nicht! Aber ich wette, du wirst es mir gleich sagen!“, scherzt Simone.

„Stimmt! Also weiter im Text. Da du das Verhalten deiner Mutter nicht ändern kannst, bleibt dir nur eines: Du änderst dein Verhalten ihr gegenüber. So einfach ist das!“ Lucia hat bereits Erfahrung mit Menschen, die sie einerseits liebt, deren Verhaltensweisen sie aber oft Mühe und Energie kosten, da sie mit den ihren nicht so ganz kompatibel sind. Das kommt ihr alles sehr bekannt vor.

Also fährt sie fort: „Weißt du, es ist so. Deine Mutter und du, ihr beide seid in euren Rollen schon so eingespielt, dass keine von euch bereit ist, ihre Welt zu verlassen. Mit *Welt* meine ich all die verschiedenen Anschauungsweisen, angelernten Muster, eure unterschiedlichen Meinungen usw. Das müsst ihr auch nicht. Das heißt jetzt nicht, dass du deine Werte und Anschauungen deiner Mutter zu Liebe ändern sollst, aber reagiere anders auf ihre. Reagiere so, wie sie es nicht gewohnt ist von dir und vor allem so, wie es sich für dich gut anfühlt."

Simone denkt laut: „Dann müsste ich ihr sehr oft Wünsche abschlagen, sehr oft ‚nein' zu ihr sagen!"

Lucia fällt ihr sofort ins Wort, weil sie den Missmut und den Zweifel in Simones Stimme hört: „Na und?! Du bist eh so gut darin, in Ich-Botschaften zu sprechen, völlig vorwurfsfrei! Also lass uns das mal üben!"

Lucia ahmt die Stimme von Simones Mutter nach, die sie nur ein einziges Mal gesehen hat: „Liebes, ich komme sofort vorbei. Du hast sicher Zeit für einen Spaziergang? Wir haben uns so lange nicht mehr alleine ohne Andreas und die Kinder gesehen."

Simone sieht in ihrer Vorstellung Lucias erwartungsvolles Gesicht und den Ausdruck in ihren dunkelbraunen Augen, die funkelnd auf eine Antwort zu warten scheinen, prüfend, ob die Schülerin den vermittelten Lehrstoff nun auch umsetzen kann.

Also versucht es Simone: „Mami, heute habe ich Lust, mir Zeit für mich zu nehmen und bitte dich, das zu respektieren. Ich bin es mir wert, auch einmal meine Bedürfnisse zu äußern und heute hätte ich gerne einmal meine Ruhe."

„Nicht schlecht, Herr Specht. Es geht ja! Bereits ein guter Anfang! Vielleicht noch etwas zu zaghaft und zu höflich! Bleib noch mehr bei dir und deinen Gefühlen! Und wie fühlst du dich?", will eine offensichtlich sehr zufriedene Lucia wissen.

„Erleichtert. Es ist mir eigentlich auch egal, wie sie auf eine derartige Äußerung reagieren würde", stellt Simone verwundert fest.

„Eben, du kannst nichts falsch machen, wenn du dir und deinen Gefühlen treu bleibst und sie freudig ausdrückst. Lass dich zu nichts überreden, was sich nicht gut für dich anfühlt. Wie der andere damit umgeht, das lass nur seine Sorge sein. Außerdem spürt auch dein Gegenüber, dass du dich hundertprozentig wohlfühlst, weil du das tust, was dir dein Herz sagt. Das wird nicht nur auf deine Mutter, sondern auf dein gesamtes Umfeld abfärben. Glaub mir! Deine Mutter darf sich gerne weiterhin etwas wünschen von dir, ja, meinetwegen soll sie Erwartungen an dich haben, aber du allein entscheidest, ob und wann und wie du diese erfüllen willst. Du musst ihr einfach den Wind aus den Segeln nehmen und sie stoppen, wenn sie wieder einmal deine Grenzen überschreitet. Du hast dein Leben, sie ihres. Ein klares Nein tut oft beiden gut! Jeder begegnet in seinem Leben Menschen, die einen mit seinen eigenen Grenzen konfrontieren oder diese sogar mit Füßen treten, die es einem schwer machen, authentisch zu sein. Doch gerade von diesen Menschen – oft stehen sie uns sehr nahe – lernen wir am meisten."

Alles andere als müde liegt Simone abends voller Tatendrang und neuer Energie im Bett und erzählt Andreas von ihrem Telefonat mit der ehemaligen Kollegin und jetzigen Freundin. Sie muss schmunzeln, als ihr bewusst wird, dass sie in Lucia genau die Hobbypsychologin sieht, in deren Rolle sie selbst gerne für ihre Familie und ihre Mitmenschen schlüpft. „Ich hab wieder einmal dermaßen viel Hoffnung, Mut und neue Antriebskraft schöpfen können. Lucia ist einfach spitze! – Und weißt du, Andreas, ich kann – wie du neulich meintest – das Verhalten meiner Mutter zwar nicht ändern, aber indem ich mein Verhalten ihr gegenüber verändere, kann ich sie inspirieren, meinst du nicht?"

Ein paar Wochen sind vergangen. Aus Simones Sicht verhält sie sich nicht wirklich anders in Gegenwart ihrer Mutter. Doch irgendetwas hat sich verändert. Sie fühlt sich anders: entspannter, zufriedener und dadurch selbstsicherer. Sie verspürt plötzlich keine Anstrengung mehr darin, ihre Mutter so sein zu lassen, wie sie ist, und die Wut ist verschwunden. Was war geschehen? So ganz genau kann sich das Simone immer noch nicht erklären. Alles, was sie tut – und das ist verblüffenderweise einfacher, als sie es je für möglich gehalten hätte – ist, sie selbst zu sein, lebensfroh und optimistisch, wie es seit jeher ihre Art ist. Sie lässt sich nicht mehr in den Gefühlsstrudel ihrer Mutter hineinziehen. Sie reagiert nicht mehr auf die von ihr eingenommenen Positionen, Vorstellungen und Wertungen. Neben ihrer Freundin Lucia hat ihr eine Stimme aus ihrem tiefsten Inneren geraten, sich nicht mehr länger gefühlsmäßig „herunterziehen" zu lassen. Sie handelt nach ihren Gefühlen. Sie nimmt sich sehr gut wahr und drückt in klaren Worten und positiven Botschaften aus, wonach ihr im Moment ist. Und zwar ohne sich für ihr Verhalten zu rechtfertigen oder gar zu entschuldigen und ohne ihre Mutter zu verletzen. Das Verhältnis zu ihrer Mutter hat sich entspannt, weil Simone in ihrer Gegenwart in ihrer Mitte bleibt, freudvoll, lebendig und ihrer inneren Wahrheit folgend.

Auf einzelne WhatsApp-Nachrichten ihrer Mutter antwortet sie nicht mehr lang und ausführlich, sondern schickt ein schönes Bild, eine Kamelie – ihre Mutter liebt diese Blumen – ein schönes Landschaftsfoto oder einen Smiley, um gar nicht erst in die Versuchung zu kommen, sich in eine Diskussion zu verstricken. Erwartungen oder leichte Vorwürfe ihrer Mutter prallen sanft an ihr ab, sie bleibt in ihren Aussagen klar und positiv. Jeder Satz zeugt von ihrer Lebensfreude. So zum Beispiel:
„Ich genieße mein Leben in vollen Zügen, Mami!“
„Heute Nachmittag gönne ich mir ein bisschen Zeit für mich und freue mich, dich morgen dann zu sehen!“
„Ich liebe es, zu lauter Musik zu tanzen. Tanzt du mit?“

Wünsche erfüllt sie ihrer Mutter dann, wenn sie den nötigen Freiraum dazu verspürt, dies von sich aus zu tun, und wenn ihr Herz danach verlangt.

Ob auch Simones Mutter eine Veränderung verspürt? Aussagen wie ein „Du magst mich nicht mehr!“ oder ein vorwurfsvolles „Was ist denn heute mit dir los, Liebes?“ hat Simone jedenfalls seit geraumer Zeit nicht mehr vernommen.

Wir haben beide viel Zeit. Wir sitzen uns mehrere Stunden am Tag gegenüber, jeder vor seinem Laptop. In Gedanken ist jeder von uns in seine Welt vertieft, die konträrer nicht sein könnte. Das Geräusch der Tastaturen ist längst zu unserem akustischen Begleiter, das Wohnzimmer zu unserer persönlichen Gedankenwerkstätte geworden. Gut, von meiner Tischseite aus gibt es weniger zu hören, da ich zwischendurch mehr zu recherchieren und zu lesen habe als mein Gegenüber, das außer in den kurzen Denkpausen und den Ausflügen in das lila Notizbuch eigentlich fast pausenlos in den Laptop tippt. Teilweise so laut, dass ich mir meine *noiseless*-Kopfhörer aufsetzen muss. Nein, wir vergessen nicht darauf, uns etwas Gesundes zu kochen (Leonas Job) und eine Runde an die frische Luft zu gehen oder ein kurzes Workout einzulegen (die Animation dazu: mein Job). Natürlich gibt es auch Tage, an denen wir eine Schreib- bzw. Lernpause einlegen.

AHNUNG & AHNUNGSLOSIGKEIT

Ein YouTube-Video da, eine WhatsApp dort, Berichte im Fernsehen oder auf Online-Kanälen – so viel Gelesenes, Gesagtes und Gehörtes führt zu einem regelrechten Informationsstau in unseren Köpfen. Wie David stehen wir vor Goliath, einem Riesenberg an Information und Wissen: so viele Hochrechnungen und Statistiken von Wissenschaftlern, widersprüchliche Berichterstattungen verschiedener Fachärzte und vermeintlicher Spezialisten und Ansprachen der Politiker. So – und nun?

Dieser Informationsfluss der Massenmedien soll uns wohl ein bisschen Struktur geben in einem wegbrechenden sozialen und wirtschaftlichen System, soll uns Sicherheit vorgaukeln, obwohl eigentlich niemand so genau weiß, wohin diese Entwicklung noch führen wird. Über etwas Bescheid zu wissen und informiert zu sein, fühlt sich für uns Menschen besser an als diese Ahnungslosigkeit, die uns derzeit entgegenkommt wie eine Flut.

Uns bleibt also nur, uns selbst eine Art Konstrukt zu bilden, an das wir glauben und an dem wir uns festhalten können. Wir picken uns dazu aus all dem, was wir gehört, gelesen, gesehen und worüber wir uns mit anderen ausgetauscht haben, das heraus, das für uns vertretbar scheint, Sinn macht und unserer Wahrheit entspricht. Dieses Potpourri an Informationen mischen wir mit unser eigenen Ansicht der Dinge und bilden uns daraus sowas wie eine eigene Meinung, deren Aussagekraft aber sehr leicht ins Wanken gerät, sobald uns ein Freund von etwas Konträrem zu überzeugen versucht. Wirklich gefestigt ist unser Meinungskonstrukt also nicht.

Unser permanentes Streben nach Wissen, Macht, Kontrolle und Struktur mag in unserem Sicherheits- und Geltungsbedürfnis begründet sein. Es jagt uns höllische Angst ein, dass wir schlicht und einfach keine Ahnung haben, wie wir mit dieser Ahnungslosigkeit umgehen sollen.

Lassen wir also unser Bedürfnis nach Sicherheit und Gewohnheit, unseren Drang über alles und jeden Bescheid zu wissen und immer auf dem aktuellsten Wissensstand zu sein, zumindest ein bisschen los. Was ändert all die Information an der aktuellen Entwicklung? Was ändert die Tatsache, dass wir diese, andere jene Meinung dazu vertreten?

Entscheiden wir uns doch lieber dafür, im Vertrauen zu bleiben, dass das Beste zu unserem eigenen und zum Wohle eines großen Kollektivs geschehen wird, geben wir die Illusion der Kontrolle einmal auf und reagieren wir auf die Ahnungslosigkeit mit Akzeptanz.

Nur so besiegen wir Goliath!

THOMAS – Der Freund der Autorin

„Hallo, ich bin Thomas, der Freund der Autorin!“, so hab ich mich zu der Zeit, als Leona ihr erstes Buch herausbrachte, immer vorgestellt. Ich hab sie damit aufgezogen, dass ich nun keine eigene Persönlichkeit mehr hätte, weil alle nur mehr nach ihr fragten. Es war so viel Freude und Stolz in ihrem Lachen, wann immer ich diesbezüglich herumwitzelte. Sie hatte auch allen Grund, stolz zu sein, ich war es auch. Meine Freundin hatte einen Hauptberuf, der so nebenbei lief, während sie an ihrem ersten Buch schrieb. Ich übrigens auch – ich lief auch so nebenbei. Das ist wohl das Los des Freundes der Autorin. Und ich hab es gezogen.

Unter uns gesagt, bin ich weder Fan von Science-Fiction noch von Esoterik – laut Leona muss das Genre eines Buches nicht eindeutig definiert sein. Sicher, ich habe es gelesen, sie hat mich darum gebeten. Leona hatte das große Glück, ihre drei besten Freundinnen ihr persönliches Lektorat nennen zu dürfen: Eine Literaturwissenschaftlerin, eine selbst ernannte Expertin für Spirituelles und Bewusstseinsbildung und ein Profi in punkto Grammatik und Rechtschreibung lasen eifrig Korrektur. Was meine Wenigkeit betrifft, so war meine liebe Leo wohl einfach froh, dass ich überhaupt Interesse zeigte. Ja, doch, der Inhalt ist ganz cool, etwas surreal, wie ich damals meinte, an manchen Stellen habe ich allerdings gar nicht verstanden, was sie uns mit dem Buch wirklich vermitteln will. Nächtelang hat sie versucht, es mir zu erklären. Wir sind zu der Conclusio gekommen, dass ich ihren Schreibstil super toll und spannend finde und mich mit ihr einfach über den Erfolg freue. Hand aufs Herz, ich habe immer an sie geglaubt. Sie war es, die lange zweifelte, ob sie ihr „Baby“ – wie sie es nannte – auch wirklich veröffentlichen sollte. Also half ich ihr dabei, es auf die Welt zu bringen, indem ich die Nabelschnur kappte, wie ein Vater in einem Hollywoodschinken, dem die Ärzte die Schere in die Hand reichen. Auch ihre Freundinnen waren begeistert und ermutigten sie dazu, den finalen Schritt zu wagen. Sicher gäbe es immer Verbesserungsvorschläge und sicher, das Genre ist nicht jedermanns Sache, dann doch eher noch „jederfraus“. Leona konnte gut mit Kritik umgehen, meistens – und wenn nicht, ließ sie es sich nicht anmerken. Sie setzte viele der inhaltlichen Ergänzungen oder Kürzungen um, reflektierte, was ihre Freundinnen an zusätzlichen Ideen einbrachten, blieb dabei aber immer ihrem eigenen Stil treu und veränderte nur, nachdem sie tief in ihr Herz gehört hatte und letzteres sein OK gab.

Mit einer derartigen Flut an Leserbriefen – heutzutage wohl Feedback-Mails genannt – haben allerdings weder die Autorin noch ihr Freund noch das weibliche Lektorat gerechnet. Leona ließ mich alle lesen. Sie wollte das so. Sie hat nichts zu verheimlichen. Nie. Wann immer ich sie beschreiben soll oder gefragt werde, was ich an meiner Freundin so faszinierend finde, dann fällt meine Antwort wie folgt aus: „Sie lebt lieber ungewöhnlich und ist eine fantastische Geschichtenerzählerin. Sie trägt ihr Herz am rechten Fleck und auf der Zunge!“ Dies sind durchaus wertvolle Eigenschaften, die meiner Meinung nach aber auch so ihre Tücken in sich bergen. Wie gesagt, meiner Meinung nach. Für Leona hat ihre Art, leichten Herzens und völlig unbeschwert durchs Leben zu gehen, nichts Besorgniserregendes. Wenn ich mich um sie sorge oder ihr Verhalten als unüberlegt empfinde, so schüttelt sie gerne rhythmisch ihren Kopf von links nach rechts, als würde sie headbangen, und meint: „Ich tanze gerne aus der Reihe und am liebsten mit dir, mein Schatz!“

Dass sie eine Fortsetzung des ersten Buches schreiben wollte, war in dem Moment beschlossene Sache, als sie ihren ersten Leserbrief via Mail erhielt. Ich kann mich noch gut daran erinnern. Tränenüberströmt hielt mir die frisch gebackene Autorin die ausgedruckte Mail vor die Nase. Stefania, eine Leserin aus Italien, Leonas erster und bis heute wohl größter Fan, schrieb in entzückendstem fehlerhaftem Deutsch, dass ihr die Geschichte zu neuem Lebensmut verholfen habe. In ihrer Mail ließ sie Leona und unwissentlich auch mich an ihrem schweren Schicksalsschlag teilhaben, schüttete ihr Herz aus und verwies immer wieder auf all die Aspekte des Buches, die ihr Kraft gaben, wenn sie sich schwach und wie gelähmt fühlte, und ihr Erklärungen lieferten, wenn sie nicht mehr weiter wusste. Der Titel des Buches habe sie – wie sie schreibt – „sofort angehupfet“, als sie es in ihrer Lieblingsbuchhandlung entdeckte, die von einem Südtiroler geführt wird und daher auch viele deutschsprachige Bücher in ihrem Repertoire hat. Das Buch sei ihr Anker und Wegweiser zugleich gewesen, und sie habe durch die Geschichte eine neue Bewusstheit und Lebensphilosophie gewonnen. Auch habe es ihr dabei geholfen, für ihren Mann die nötige Geduld aufzubringen, der in dieser Zeit so verschlossen und voller Schmerz war, aber sie vertraue darauf, ihm irgendwann von der schönen Geschichte der *Lysianer* erzählen zu können.

Nicht nur Leona ging Stefanias Schicksalsschlag damals sehr nah, die ihr Kind noch im Mutterleib verloren hatte. Leona war so berührt. Diese Mail eröffnete ihr einen neuen wichtigen Aspekt der Schriftstellerei. Ihr wurde erstmals bewusst, wie sehr sie Menschen aus aller Welt auf diesem Wege erreichen konnte, was ihr gleichzeitig auch ein wenig Angst einjagte. Wir unterhielten uns damals lange über die Macht des geschriebenen Wortes, die von Schriftstellern ja auch im negativen Sinn auf ihre Leserschaft ausgeübt werden konnte, manipulativ in gewisser Hinsicht. Worte können heilen, aber auch zerstören, treffen sie auf das jeweils empfängliche Leserpublikum. Ja, sie wollte weiterhin mit ihren Büchern Menschen erreichen, bis tief ins Herz. Die Zeit war noch nicht reif. Die Idee für ein zweites „Baby" ließ noch auf sich warten. Doch ich kenne meine Leo. Sobald sich eine Idee vor ihrem inneren Auge manifestiert hat, vergeht keine Sekunde bis sie sich an die Umsetzung macht, die meist mit dem Griff zu ihrem Notizbuch beginnt.

Ihr erstes Buch schrieb sie wie gesagt neben ihrem Hauptjob und hat – da zeitlich eingeschränkt – fünfzehn Monate dafür gebraucht. Aber jetzt, da die Welt um uns herum stillzustehen scheint und wir alle plötzlich dazu gezwungen sind, zu Hause zu bleiben, jetzt, da uns die Zeit entgegen lacht wie die Sonne draußen am Balkon, wie schnell könnte da ein Buch entstehen?

Was mich betrifft, so nütze ich die Zeit, um meinen Studien nachzugehen. Es ist sogar möglich, Prüfungen über Videokonferenz abzulegen. Es hat alles sein Gutes, ich finde keine großartigen Ablenkungen im Außen mehr und kann mich aufs Lernen konzentrieren. Größere Wanderungen sind nicht erlaubt, eine Runde joggen ist gleich erledigt, Bücher lese ich keine, da ich für die Uni genug Fachliteratur wälzen muss, Kochen zählt auch nicht zu meinen Stärken, und außerdem will ich ja weiterkommen und nicht als ewiger Student des Wirtschaftsingenieurwesens enden. Um mein Interesse an Sprachen zu stillen, hab ich mich begleitend dazu auch noch für ein Romanistikstudium entschieden und so hat alles etwas länger gedauert als geplant, doch man glaubt es kaum – und ich am wenigsten: Ein Ende ist bereits in Sicht. Gott sei Dank gehört Leona nicht zu den Menschen, die sogenannte Fulltime-Studenten wie mich verurteilen. „Thomas lernt sehr schnell, sein immenser Hausverstand ist ihm scheint's nicht genug! Ich unterstütze das, schließlich will ich einmal einen reichen Mann mit vielen Titeln!“, lautet ihre prahlende und teils sarkastische Antwort, wenn wieder jemand einen bissigen Kommentar über Langzeitstudierende ablässt. Ja, natürlich könnte ich nebenbei jobben, aber dann würde ich wieder wertvolle Zeit vergeuden. Ich erledige in unserer Wohnung den Großteil des Haushalts, das ist für mich kein Problem. Das Geld für die Miete werde ich Leona zurückzahlen, sobald ich meinen Traumjob habe und ein reicher Mann bin. Dann übernehme ich! Dann bin ich der Ernährer im Haus! Es ist mir unangenehm, ihr auf der Tasche zu liegen, aber nach bald acht Jahren wird damit Schluss sein. Wenn alles gut läuft, wird es Anfang 2021 eine Riesenfeier geben, sofern dies zu dieser Zeit wieder möglich sein wird. Ab diesem Zeitpunkt – Leona amüsiert sich schon jetzt darüber – wird es für mich dann wohl nicht mehr lauten: „Hallo, ich bin Thomas, der Freund der Autorin!“, sondern eher für Leona: „Hallo, ich bin Leo, die Freundin des M.Sc. & M.A.“

Auch Leona hat plötzlich Zeit im Überfluss, und heimlich frage ich mich schon, wie lange es wohl dauert, bis, naja, eine neue Idee Gestalt annehmen wird. Sie ist auf Kurzarbeit geschickt worden, ein Modell der Regierung, um große Firmen, aber auch Kleinbetriebe und Geschäfte finanziell über Wasser zu halten. Dieser Begriff ist inzwischen mindestens genauso in aller Munde wie *Homeoffice* und *Social distancing*. Leona ist als Koordinatorin für einen großen Sportverein tätig und organisiert Aus- und Weiterbildungen, Trainings und Wettkämpfe im In- und Ausland (An- und Abreise, Hotelbuchung, Rahmenprogramm). Manchmal reist sie sogar mit. Nun erhält sie für lapidare drei Stunden/Woche, die sie von zu Hause aus arbeitet, 80% ihres Gehaltes und muss auf diese Weise nicht als arbeitslos gemeldet werden. Alles rund um ihren Job wird derzeit abgesagt oder auf ungewisse Zeit verschoben. Leona ist gut in ihrem Job, in ihr versteckt sich ein kleines Organisationstalent, was man ihr nicht zutrauen würde, da sie sonst eher strukturlos durch ihr Leben geht, was nicht negativ gemeint ist. Das sei der gesunde Ausgleich, so meine Freundin, wie immer hat sie eine passende Antwort parat. Jedenfalls ist sie ganz außer sich, dass sie plötzlich so viel Zeit für so viele Dinge hat. Zeit, die ihr sonst auch zur Verfügung steht, die sie sich aber nicht immer nimmt. Sie fertigt sofort eine Liste an mit all den Dingen, die sie immer schon machen wollte, zumindest die, die von zu Hause aus im Rahmen des Möglichen liegen. Schmunzelnd lese ich den letzten Punkt auf ihrer Liste, die mit einem gelben Smiley-Magneten an der Kühlschranktüre befestigt ist: „Ein zweites Buch!“ steht da in ihrer kritzeligen Schreibschrift. Ich habe den Eindruck, sie erledigt all die anderen Dinge nur, um so rasch wie möglich den letzten Punkt zu erreichen. Und bald ist es so weit, alle Punkte bis auf den letzten sind abgehakt. *Sternenkinder der Zukunft, die neuen Seelen der Erde* werden also fortgesetzt, sogar der Titel steht bereits fest: *Brida verstreut Sternenstaub.* Und ich überlege, ob es sich bei *Brida* wohl wieder um eines dieser Sternenkinder aus dem ersten Buch handelt, das von *Lysia* auf die Erde gesandt wird, um – ähm, was nochmal zu tun? – ach, ja klar – Sternenstaub zu verteilen? Oder will sich Leona neuerdings als Kinderbuchautorin versuchen? Egal, ich würde es ohnehin als erster erfahren. Mein Anrecht als Freund der Autorin.

Wir haben beide viel Zeit. Wir sitzen uns mehrere Stunden am Tag gegenüber, jeder vor seinem Laptop. In Gedanken ist jeder von uns in seine Welt vertieft, die konträrer nicht sein könnte. Das Geräusch der Tastaturen ist längst zu unserem akustischen Begleiter, das Wohnzimmer zu unserer persönlichen Gedankenwerkstätte geworden. Gut, von meiner Tischseite aus gibt es weniger zu hören, da ich zwischendurch mehr zu recherchieren und zu lesen habe als mein Gegenüber, das außer in den kurzen Denkpausen und den Ausflügen in das lila Notizbuch eigentlich fast pausenlos in den Laptop tippt. Teilweise so laut, dass ich mir meine *noiseless*-Kopfhörer aufsetzen muss. Nein, wir vergessen nicht darauf, uns etwas Gesundes zu kochen (Leonas Job) und eine Runde an die frische Luft zu gehen oder ein kurzes Workout einzulegen (die Animation dazu: mein Job). Natürlich gibt es auch Tage, an denen wir eine Schreib- bzw. Lernpause einlegen.

Gestern hat sich der Frühling von seiner schönsten Seite gezeigt, es war so warm, dass Leona ihren Bikini aus der Kommode gekramt und Urlaub auf „Costa Balkonien" gemacht hat – so nennt sie es, wenn sie sich am Balkon in die Sonne legt, Solarenergie tankt und ihre Haut bräunt. Ich bin eher der Schattentyp, blasse Haut, rothaarig, zu Sommersprossen neigend, Typ 1 in der Gefährdungstabelle im Solarium. Ich hab einen ausgiebigen Waldlauf gemacht, herrlich kühl unter dem natürlichen Sonnenschutz der Bäume. Heute ist das Wetter wieder umgeschlagen. Der Mensch gewordene TV-Wetterfrosch im Flanellhemd, dessen Stimme wir beide so surreal finden, hat wohl wieder mal recht behalten. Naja, Regen hat auch was für sich. Heute spricht meine Leo nicht viel, was mich nicht stört, Reden wird überbewertet. Nicht, dass wir uns nichts zu sagen hätten. Wir genießen manchmal dieses Schweigen zwischen uns, dadurch geben wir einander den nötigen Freiraum. In ihren Schreibphasen ist sie einfach so gut in ihrer Welt aufgehoben, dass sie weniger spricht als sonst. Ich mag beide Seiten an ihr: Die plaudernde Leo, die sich oft vor lauter Begeisterung in ihren Worten überschlägt und alles um sich herum zu vergessen scheint – die Sätze strömen dann aus ihr heraus, wie das Wasser eines Wasserfalls in die Tiefe rast – und die ruhige Leo, die etwas Geheimnisvolles ausstrahlt, wenn ihre Gedanken wie goldene Spiralen über ihrem Kopf zu kreisen scheinen, sodass mir manchmal, wenn ich ganz still bin, so ist, als könne ich sie hören. Ich finde den Prozess faszinierend, der mit der „Geburt" einer Idee beginnt, die zunächst gedanklich ausgeschmückt und dann in Worten festgehalten wird – Worte, die im Notizbuch vorsichtig „laufen lernen", bevor sie schließlich in geordneter und herangereifter Form seitenweise in den Laptop fließen. Mir würde hierzu eindeutig die Fantasie fehlen und die Geduld.

Neuerdings ertappe ich mich dabei, dass mir wieder und wieder der gleiche Gedanke kommt – und das mehrmals am Tag: In Anbetracht der Entwicklung, die die Erde und ihre Bewohner derzeit erfahren, hat Leona mit ihrem Erstlingswerk wohl so eine Art Vorahnung gehabt. Sie schreibt darin von Wesen aus einer anderen Dimension, den *Lysianern,* die spüren, wenn andere Planeten, Dimensionen oder Galaxien von einer Veränderung oder neuen Entwicklung betroffen sind. Dann entscheiden sich einige unter ihnen aus freiem Willen, als sogenannte „Sternenkinder“ einen Körper anzunehmen und – in unserem Fall auf *Lady Gaia,* Mutter Erde – zu inkarnieren, um den Erdenbewohnern zur Seite zu stehen. Wann, wenn nicht jetzt, wäre es Zeit für diese Wesen, auf unserem Planeten zu inkarnieren? Anscheinend, so beschreibt es Leona in ihrem Buch, ist ihnen nach ihrer Inkarnation auf Erden nicht mehr bewusst, dass sie gekommen sind, um uns zu helfen – leider, sonst könnte ich sie einfach wie folgt fragen: „Hallo, gehörst du zu den Sternenkindern aus der Zukunft, die hier als neue Seelen die Erde retten sollen? Wie machst du das eigentlich?“ Das wäre wohl zu einfach. Die Wesenheiten aus *Lysia* bringen Fülle auf Erden. Was immer das heißen soll. Anscheinend sind sie nie schlecht gelaunt und schwingen auf einer höheren emotionalen Frequenz, was so viel heißt wie, dass sie weder Stolz, Schuld, Zorn, Wut oder Neid empfinden, sondern Menschen mit Toleranz, Dankbarkeit, Mitgefühl, Verständnis und anderen anzustrebenden Werten begegnen. Natürlich auch mit Liebe. Allein ihre Anwesenheit verströmt Liebe und steckt andere an. *Lysianer* sind Botschafter der Liebe, verströmen Liebesviren. Wie oft habe ich Leona gesagt, dass das Wort „Liebe" doch langsam ausgelutscht sei und vor allem in einer Science-Fiction-Story nicht dermaßen viel Raum einnehmen sollte. Sie lächelte nur und nannte das Genre ihres Buches nun *Spiritual Fiction.* Die auf der Erde geborenen Sternenkinder aus *Lysia* handeln also aus einer inneren Weisheit heraus, kooperieren, sind frei von Angst und leben in einem Ganzheitsbewusstsein, einem Bewusstsein der Fülle. Da ist sie schon wieder, die Fülle. Leona muss mir noch einmal erklären, was sie damit meint. Nein, stopp, mir fällt es wieder ein: Alles, was sich der Mensch wünscht, ist bereits in einem universellen Feld vorhanden. Im Bewusstsein der Fülle vertrauen wir Menschen darauf, dass für alles gesorgt ist. Wir müssen nichts tun, außer uns eins zu fühlen mit allem, was ist, eins mit allen anderen und eins mit dem großen Ganzen, dem einheitlichen energetischen Feld. Das universelle Gut stellt uns alles zur Verfügung. Das gilt nicht nur für Träume und Wünsche, sondern auch für Geld und materielle Dinge. Alles bedingt einander. Ich bin du und du bist ich. Ich kann ohne dich nicht existieren und du nicht ohne mich, da wir eins sind. Das gilt nicht nur für Liebende. Ein Erfolg, den du feierst, wird auch zu meinem. Wenn uns bewusst wird, dass ein derartiges Einheitsbewusstsein nicht nur in Familien sichtbar wird, die zueinander halten und Erfolgserlebnisse gemeinsam feiern, sondern dass es sich auf die gesamte Menschheit bezieht, so haben wir begriffen, wie die *Lysianer* leben und fühlen und wie sie es uns in weiterer Folge beibringen wollen.

Da es mir gerade Spaß bereitet und mich vom Lernen abhält, spinne ich meine Gedanken weiter. Angenommen, es würde eine rationale Verbindung des Buches zur jetzigen Realität geben, könnten folgende Tatsachen genannt werden: Eine Entwicklung auf Erden, die den *Lysianern* oder welchen Menschenrettern auch immer einen Grund geben könnte, Körperlichkeit auf unserem Planeten anzunehmen, um das Bewusstsein der Menschen zu verändern, wäre schon einmal gegeben. Wann, wenn nicht jetzt, braucht die Erde Hilfe: verstopfte Autobahnen, Plastikmeere, Smog, Abfall, Rodung des Regenwaldes, das Aussterben etlicher Tier- und Pflanzenarten, Ausbeutung natürlicher Ressourcen, Hungersnöte, Wirtschaftswachstum, Profitgier. Noch mehr gefällig? Ich denke, das sollte Grund genug sein. Die Menschen sind nicht mehr glücklich. Sie rackern sich ab bis zum Burnout, um sich ihr Glück kaufen zu können und schließlich einsehen zu müssen, dass diese Art von Glück nicht von langer Dauer ist. Der Weg in die Welt der Süchte, um all das ertragen zu können, wäre somit geebnet. Mir wird schlecht, ich will nicht noch weitere traurige Tatsachen aufzählen. Fakt ist, dass sich zweifelsohne dringend etwas ändern muss. Wir Menschen müssen unser Verhalten ändern, unsere Denkweise völlig neu ausrichten und, ja, auch zu einer neuen Bewusstheit gelangen. Es geschieht nichts ohne Grund. Aber wie konnte Leona ahnen, als sie ihr Buch geschrieben hat, dass es in so naher Zukunft eine derartige Entwicklung auf der Welt geben und dass wir Hilfe brauchen würden?

Ich überlege weiter, wer in Leonas und meinem größeren Bekannten- und Verwandtenkreis wohl ein *Lysianer* sein könnte, ohne dass er etwas davon weiß. Jemand aus unserer Familie, oder wir selbst? Ich erschrecke, sodass mir der Arm vom Tisch rutscht, auf dem ich mich, in meinen Gedanken versunken, abgestützt habe. Als mir bewusst wird, dass die erste Person, zu der die Beschreibung eines „Sternenkindes“ am besten passen würde, mir gegenüber sitzt und mit leicht geröteten Bäckchen in den Laptop tippt, bekomme ich Gänsehaut.

Zurück zu den Fakten. Leona ist eigentlich fast nie schlecht drauf, wenn, dann ist es ihr sofort bewusst und sie macht einen Scherz daraus: „Ich bin so grantig, dass ich schon gar nicht mehr weiß, warum ich mich gerade so ärgere!“ Sie ist nicht nachtragend, verzeiht sich selbst und anderen ihre Fehler, die sie gar nicht als solche bezeichnet. „Gott oder was auch immer da oben hat uns Fehler und Makel gegeben, um uns daran zu erinnern, wie einzigartig wir sind.“ Menschen, die mir total gegen den Strich gehen, bezeichnet meine Freundin als verhaltensoriginell. Mit Leona macht alles Spaß, nur eines nicht: Man kann mit ihr nicht über andere Menschen ablästern. Da stoppt sie einen immer. Sie hat immer Menschen um sich, die ihr gut gesonnen sind (bestes Beispiel: ihr Freundinnen-Lektorat), ihre Arbeitskollegen, ihre bisherigen Chefs und mich natürlich. Sie zieht weder schlechte Menschen an noch schlimme Ereignisse in ihr Leben. Ich dachte immer, es wäre ihre Naivität und ihre Blauäugigkeit, die sie vor dem Gröbsten bewahren würden. So nach dem Motto: „Kindern und Betrunkenen passiert nichts!“ Doch nun wird mir klar, dass dem so ist, weil sie sich keine Sorgen macht und keine (oder kaum) negative Gedanken hat, und wenn, so wird sie sich derer fast noch im gleichen Moment bewusst. Kindern sind ihre Gedanken nicht im Weg, also stößt ihnen auch relativ wenig zu. Bei Leona verhält es sich wohl genauso. Als ich mir vor zwei Jahren das Bein gebrochen habe, hat sie mich sofort gefragt, was sich in jenem Moment denn wieder für ein Horrorszenario in meinem Köpfchen abgespielt habe. Und es stimmte. Ich war damals so gestresst und wütend, dass ich völlig vergaß, auf die Straße zu achten, die ich überqueren wollte, als ich auf der nassen Zebrastreifenmarkierung ausrutschte. Wo ich in Gedanken war? Bei meinem Professor, der mich wie immer „so unfair" benotet hatte. In Wahrheit war ich aber wütend auf mich selbst und wollte mir nur ungern eingestehen, dass ich zu schlecht vorbereitet war.

Ein anderes Beispiel: Wenn sich ihre Eltern wegen irgendetwas unnötige Sorgen machen, kommt von Leona: „Ihr wisst schon, meine Lieben, dass die Sorge eine Art negatives Gebet ist. Wenn man sich sorgt, zieht man in Wahrheit genau das an, was man nicht möchte!" – und wieder mal: „Schachmatt!" für meine Freundin. Sie sieht das Lustige in alltäglichen Dingen, freut sich über Kleinigkeiten, Materielles bedeutet ihr nicht viel, ebenso Auszeichnungen oder Titel. Unerwartetes bewältigt sie mit Ruhe und Leichtigkeit, es scheint sie nur wenig aus der Fassung zu bringen. Wenn wir beide einmal eine Meinungsverschiedenheit haben, gelingt es ihr meistens, mir ihren Standpunkt der Dinge verständlich zu machen, dass ich mich schließlich frage, ob ich wirklich noch auf meiner Ansicht beharren soll.

Das klingt jetzt alles so, als wäre meine Freundin *Wonderwoman*, fehlerfrei und unbesiegbar. So empfinde ich das nicht, und den Eindruck vermittelt sie ihren Mitmenschen auch nicht. Ich würde eher sagen, ihr größtes Talent besteht darin, authentisch glücklich zu sein. Darin ist sie Meisterin. Und das färbt ab, auf mich, auf ihre Freundinnen, auf all ihre Mitmenschen. Umgekehrt umgibt sie sich auch nur mit Menschen, die ihr gut tun, bei denen sie so sein kann, wie sie ist. Das ist ein energetisches Fließen, nehme ich an.

Langsam dämmert mir so einiges. So surreal ist ihre Geschichte gar nicht. Sie hat nur den außergewöhnlichen Menschen unter uns, die es bereits beherrschen, aus tiefstem Herzen glücklich zu sein, einen anderen Namen gegeben. Langsam verstehe ich, worum es geht. Ich bin aufgeregt wie ein kleines Kind. Die Frage, die mich jetzt am meisten beschäftigt, ist, ob Leona das auch so sieht wie ich, ob sie sich selbst als „Sternenkind“ bezeichnen würde. Schließlich sind sich die *Lysianer* ihrer speziellen Aufgabe ja nicht bewusst, wie sie in ihrem Buch schreibt.

Ich setze meine Suche nach „Sternenkindern“ im Geiste fort und meine Gedanken schweifen zu Stefania. In ihrer Mail an Leona schrieb sie, dass ihr die Geschichte aus folgendem Grund Hoffnung gegeben hat: Sie habe in ihr eine Art Vision erzeugt, von all dem Guten, das ihr Ungeborenes auf Erden hätte vollbringen können, und sie glaube fest daran, dass ihre Tochter gesandt worden sei, um irgendeinen Zweck zu erfüllen, es sich aber kurzfristig anders überlegt habe. Wenn dieser Sinn auch nur darin bestünde, dass sie und ihr Mann wieder einen Weg zueinander finden würden. In Wahrheit – mir wird richtig warm ums Herz – ist das eigentliche „Sternenkind“ aber nicht die ungeborene Menschenseele, sondern Stefania selbst. Mir ist schon klar, dass unter dem herkömmlichen Begriff „Sternenkind“ all jene Kinder bezeichnet werden, die vor, während oder kurz nach ihrer Geburt sterben, um den Eltern Hoffnung und Trost zu spenden. Die „Sternenkinder" in Leonas Geschichte haben jedoch eine andere Bedeutung, wie wir wissen, und zu dieser Kategorie zähle ich nun auch Stefania. Dies hat sie – ihr selbstverständlich völlig unbewusst – einerseits im Umgang mit dem Tod ihrer Tochter als auch im liebevollen und von Geduld geprägten Verständnis ihrem Mann gegenüber bewiesen, als sich dieser seinem Schmerz lange Zeit derartig verschloss.

Die Erde braucht demnach keine Retter von anderen Galaxien, keine *Lysianer,* die kommen, um uns zu helfen. Wir selbst sind es, die uns retten können. Wir Menschen tragen das ganze Potenzial in uns, nur sind sich viele von uns dessen nicht bewusst oder vertrauen (noch) nicht darauf. Es gibt sie bereits, und ich hoffe, sie werden sich mehren: die Menschen, die anderen bewusstseinsmäßig bereits einen Schritt voraus sind. Und vielleicht sind es genau diese Krisen, wie wir sie gerade in dieser Zeit erleben, die wir brauchen, um aufzuwachen.

Wow, das ist ja mal was. Ich werde mein „Sternenkind", meine Leo, mal fragen, ob sie sich eigentlich bewusst ist, dass sie sich in ihrem Buch selbst beschrieben hat. Klar, sie ist keine *Lysianerin*, kommt aus keiner anderen Dimension, aber alle von ihr genannten Eigenschaften treffen auf sie zu. Jetzt habe ich Lust bekommen, Leo beim Schreiben zu stören …

Voller Tatendrang rückt der kleine Wei das Tischchen aus Mangoholz neben das Wohnzimmerfenster, er klettert hinauf, um so die nötige Größe zu erreichen, um aus dem Fenster zu blicken, und traut seinen Augen nicht, als er zum Himmel blickt. Denn alles, was der kleine Junge sieht, ist blau, nichts als blau. Sofort klettert er das Tischchen wieder hinunter, läuft in die Küche, laut nach seiner Mutter rufend und sich in seinen Worten überschlagend – so wie Kinder es eben tun, wenn sie etwas Erstaunliches, etwas Neues entdeckt haben, das Fragen aufwirft – Fragen, die scheinbar nur Erwachsene beantworten können. Xia sieht nun den Moment gekommen, in dem sie ihrem Sohn in ruhigen Worten erklären wird, warum sich der Himmel über China zum ersten Mal in diesem strahlenden Blau zeigt. Gleich wird sie ihm eine Geschichte erzählen …

Was wäre, wenn die derzeitige Entwicklung auf Erden von einer höheren Macht, dem Göttlichen, der unendlichen Quelle oder etwas anderem Allmächtigen, das sich dem menschlichen Verstand oder der Wahrnehmung unserer fünf Sinne entzieht, gesteuert würde?

Dass die Menschen nun förmlich dazu gezwungen werden, sich hinzugeben und das anzunehmen, was ist, achtsam mit sich und ihren Mitmenschen umzugehen und einmal neu und anders zu leben, lässt folgende Vermutung zu:

Hinter all dem steckt ein geheimer Plan, den Mutter Erde schon sehr lange ausgeheckt hat und den sie nun umsetzt. Sie ist erschöpft und ebenso ist sie es leid, zusehen zu müssen, wie die Erdenbewohner immer und immer wieder die gleichen Fehler begehen und sich einfach nicht weiterentwickeln wollen. Sie bedient sich dazu folgenden Instruments: des Stillstands. Nicht etwa für sich selbst, nein, sie zieht die Notbremse für ihre Bewohner und atmet erst einmal tief durch.

SIE ERWACHT NEU! Sie erhöht ihre Frequenz, beschließt feinstofflicher zu schwingen und ihr größtes Ziel dabei ist es, dass die Erdenbewohner ihrem Beispiel folgen und sich ihr schwingungsmäßig anpassen. Wir Menschen sind uns aufgrund unserer physischen Existenz in dieser dreidimensionalen Welt nicht bewusst, dass es in diesem riesigen, multidimensionalen Quantenfeld noch weitere Realitäten gibt. Neben unserer Körperlichkeit, die wir benötigen, um uns auf dieser Erde zu bewegen, sind wir aber noch viel mehr: Wir sind wundervolle, feinstoffliche Wesen, allzeit verbunden mit der göttlichen Quelle und unserem *Höhe-*

ren Selbst. Licht durchströmt uns. Wir reichen weit über das rein Körperliche hinaus. So weit, dass es unser Verstand nie fassen wird können. Als energetische Wesen schwingen wir in unterschiedlichen Frequenzen und sind miteinander verbunden wie durch die Fäden eines riesigen Mobiles. Zieht einer von uns an einem dieser Fäden, so bewegt sich das ganze System: Das Verhalten jedes Einzelnen von uns hat also Auswirkungen auf das Kollektiv.

Bezweckt Mutter Erde mit diesem Stillstand eine Art Schwingungserhöhung der Menschen und somit einen BEWUSSTSEINSWANDEL DER GESAMTEN MENSCHHEIT?

Viele Menschen, die „in niedriger Frequenz schwingen“, deren Energiekörper noch „sehr dicht“ zu sein scheinen, sind (noch) nicht bereit, über sich hinaus zu wachsen und ihr Bewusstsein zu wandeln. Andere wiederum sind dazu bereit, wissen aber noch nicht wie. Menschen mit feinstofflicheren Energiekörpern sind sich bereits bewusst, dass es noch andere Realitäten und Bewusstseinsebenen gibt, und lassen ihre Emotionen bereits höher schwingen. Wieder andere sind schon vorausgegangen, um uns den Weg zu ebnen und die hohe Frequenz, in der sie schwingen, zu halten.

Die Menschheit ist an einem Punkt angelangt, an dem sie sich weiterentwickeln muss. Menschen, die süchtig sind nach Talkshows oder sinnlosen Reality-Shows, die Nachbarin, die sich über das ganze Dorf das Maul zerreißt, Business-Männer, die vergessen haben, dass sie außer ihrem Hirn noch ein Herz haben, Frauen, die ihre Männer nach deren Kontostand wählen, und Männer, die Frauen behandeln wie ihr Eigentum – nennen wir das Fortschritt? Bringt uns dieses oberflächliche Verhalten und dieser Materialismus weiter? Wird auf diese Weise die Schwingung auf Erden erhöht? Nein, definitiv nicht!

Mutter Erde hat uns nicht ohne Grund ausgebremst. Unsere Gedanken, Emotionen, Glaubenssätze, Wertvorstellungen, Beziehungen, unser Finanz- und Wirtschaftssystem werden nun auf Herz und Nieren geprüft – übrig wird nur das bleiben, was unserer tiefen Wahrheit entspricht, der Liebe entstammt und zu einem weit umfassenden Frieden beiträgt, der die gesamte Erde umspannt. Entscheiden wir uns für eine Welt voller Liebe, nicht voller Angst, eine Welt des Miteinanders und nicht des Gegeneinanders, rücken wir Leichtigkeit und Freude an die Stelle von Schwermut und Depression. Werfen wir alle bisher gelebten Sinnlosigkeiten und Egospielchen über Bord und geben unserem Leben einen neuen Sinn.

Mit dem ERWACHEN DER NEUEN ERDE ist gemeint, dass wir uns alle bewusst werden, dass wir Seelenwesen in einem Körper sind, stets gebunden an die göttliche Quelle und die Schöpferkraft in uns tragend. Wir werden zu den Schöpfern der NEUEN ZEIT, indem wir diese Welt allein durch unser eigenes NEU SEIN nähren und somit das große Ganze NEU ERSCHAFFEN. Wir können uns gegenseitig dabei unterstützen, all unsere Ängste, die derzeit das Energiefeld der Erde noch füllen, langsam aufzulösen, indem wir mit Leichtigkeit, Zuversicht und Freude vorangehen. Wir können uns dazu entscheiden, mutig vorauszugehen, indem wir Liebe leben, Frieden bringen, Wertschätzung schenken und dafür Fülle ernten.

Es liegt an uns, wann und in welchem Tempo
wir Mutter Erde folgen.
Einige von uns sind bereits angekommen
oder fast am Ziel, andere machen sich gerade auf den
Weg, und wieder andere entscheiden sich
– sei es nun bewusst oder unbewusst –,
nicht mitzukommen.

XIA – Biologie & Blumenwiese

Der Kongress in Frankfurt, auf dem Xia vor fünf Jahren Karin Wagner kennenlernte, war Teil der Initiative *Deutsch-Chinesisches Jahr der Wissenschaft und Bildung.* Xia unterrichtete zu diesem Zeitpunkt Biologie an einer Grundschule in Wuhan, der Hauptstadt der zentralchinesischen Provinz Hubei. Das größte Anliegen der Biologielehrerin bestand immer schon darin, nebst dem naturwissenschaftlichen Inhalt, den der Lehrplan vorsieht, ihren Schülern auf spielerische Art und Weise auch Umwelt- und Klimabewusstsein zu vermitteln. Die Lehrerin engagierte sich beruflich wie privat sehr stark für den Umweltschutz, besuchte Fortbildungen und Kongresse im In- und Ausland. Xia erinnert sich immer wieder gerne an ihre Begegnung mit der ihr damals noch gänzlich unbekannten und so charismatischen Umweltbiologin, die in Frankfurt die Eröffnungsrede hielt. Nicht nur das fachliche Wissen der Rednerin, auch ihre Überzeugungskraft und ihr selbstsicheres, souveränes Auftreten imponierten ihr. Diese Frau hat Xia sofort in ihren Bann gezogen. Die Wissenschaftlerin hob den Klimaschutz als eine der wichtigsten Aufgaben hervor und betrachtete angesichts der Herausforderungen verstärkte Forschung und Entwicklung allein nur als einen ersten Schritt. Nur mit einem entscheidenden Bewusstseinswandel auf breiter Ebene und der Erziehung zu umweltfreundlichem Verhalten bereits in der Schule könne es China gelingen, seine Umweltprobleme langfristig zu bekämpfen. Außerdem brauche das Land mehr auf Umweltforschung und klimafreundliche Technologien spezialisierte Forscher und Experten nicht nur in der Wissenschaft, sondern auch in den Verwaltungen. Auch hierfür müsse der bestehende Austausch mit deutschen Forschungseinrichtungen und Organisationen intensiviert werden. Neue Initiativen wie die kürzlich eingeführten Internationalen Klimaschutzstipendien der *Alexander-von-Humboldt-Stiftung* seien gerade mit Blick auf Länder wie China wichtig und sollten ausgebaut werden, so die Wissenschaftlerin.

Xia genoss die spezielle Atmosphäre solcher Zusammenkünfte, bei denen Wissenschaftler, Experten, Professoren und Umweltpolitiker über die aktuellsten Forschungsergebnisse referieren, Impulse geben und fachsimpeln. Am meisten profitierte Xia aber von den oft im Anschluss an die Vorträge stattfindenden Austauschrunden. So gab es auch in Frankfurt die Möglichkeit, bei einem Gläschen und einem Häppchen im Foyer des Kongresszentrums mit diversen Vortragenden ins Gespräch zu kommen. Xia hielt dort nur Ausschau nach einer bestimmten Person: der Eröffnungsrednerin. Als sie diese schließlich in all dem Getümmel, den Menschenschlangen an der Bar und den sich gegenseitig an den Lippen hängenden Gesprächspartnern ausmachen konnte, wartete Xia geduldig, bis Frau Wagner ihr Gespräch beendet hatte und auf sie aufmerksam wurde. Xia nahm all ihren Mut zusammen, ging auf sie zu, stellte sich vor und dann ergab ein Wort das andere. Der Gesprächsstoff der beiden Frauen schien nicht enden zu wollen – sie sprachen beide ziemlich gut Englisch. In dieser Sprache ist man sowieso per Du, aber ein „Please call me Karin!“ seitens Frau Wagner schuf eine noch offenere und fast schon vertraute Gesprächsbasis. Es schien der charismatischen Umweltbiologin Freude zu bereiten, den Wissensdurst der engagierten Biologielehrerin aus China zu stillen, bereitwillig beantwortete sie all ihre fachlichen Fragen und streute immer wieder gerne Details ihres beruflichen Werdegangs ein. Karin hatte neben ihrem Studium der Umweltwissenschaften auch noch zahlreiche andere Zusatzausbildungen absolviert und sich auf die Forschung zum Klimawandel spezialisiert. Am erstaunlichsten fand Xia allerdings die Tatsache, dass das Interesse der bodenständigen Wissenschaftlerin auch in Richtung Quantenphysik geht, deren Erkenntnisse für sie zweifelsohne einen Bewusstseinswandel der Menschheit verlangt. Jedenfalls hatte auch Xia plötzlich das Bedürfnis, Karin einen detaillierteren Einblick in ihren Beruf und ihre Unterrichtsmethoden zu geben, die vor allem auf die frühe Entwicklung eines Umweltbewusstseins ihrer Schüler abzielen. Karin war begeistert und sah darin bereits ein Modell, das es auszubauen und anderen Schulen zur Verfügung zu stellen gelte. Sie ermutigte Xia und bestärkte sie in ihrer innovativen Lehrmethode. Kurzum, die zwei Frauen sind aus dem gleichen Holz geschnitzt, sie brennen für die gleichen Themen, stecken sich gegenseitig mit ihrer Begeisterung an und teilen ähnliche Visionen. Es schien fast so, als ob alles, was Karin in großem Rahmen erforscht und in wissenschaftlichen Arbeiten festhält, von Xia – freilich in sehr vereinfachter und weniger wissenschaftlicher Weise – in ihrer Unterrichtspraxis umgesetzt wird. Schließlich tauschten sie ihre Visitenkarten und beschlossen in Kontakt zu bleiben. Zwei Frauen, ein Wort!

Ihre anfangs größtenteils fachlichen Mails wurden immer persönlicher und privater, schließlich wurde auch ihr Seelenleben Bestandteil ihres Schriftverkehrs. Auch wenn sie sich seither nie wiedergesehen haben, sind sie einander wirklich gute Freundinnen geworden. Xia bezeichnet Karin heute als einen der verständnisvollsten und wichtigsten Menschen in ihrem Leben. Die beiden schreiben sich regelmäßig Mails, telefonieren einmal im Monat oder skypen.

Ein Jahr nach ihrem Kennenlernen in Frankfurt brachte Xia ihren Sohn Wei auf die Welt. Der kleine Racker hat ihr Leben seither ganz schön auf den Kopf gestellt. Wie viele Mütter, die ihrem Beruf eine derart große Bedeutung beimessen wie Xia, die in ihrer Lehrtätigkeit fast schon eine Art Mission sieht, wollte auch die Biologielehrerin so schnell wie möglich wieder unterrichten. Das Muttersein alleine erfüllte sie nicht. Sie ist Lehrerin aus Leidenschaft und setzte immer schon große Hoffnung in die Jugend im Allgemeinen und ihre Schüler im Speziellen. Doch es dauerte länger als gedacht, bis Xia ihren Beruf wieder aufnehmen werden würde. Es war letztendlich Xias Mann, der die Scheidung einreichte. Dass Xia so schnell wie möglich wieder arbeiten gehen wollte, war nur eines von vielen Streitthemen. Der kleine Wei forderte viel Aufmerksamkeit und schrie nächtelang durch – keine gute Ausgangsbasis für klärende Gespräche –, und beide Ehepartner litten an immensem Schlafmangel. Ja, dies mochten Umstände sein, wie sie sich in jeder jungen Familie mit einem Neugeborenen abzeichnen, doch in diesem Fall waren sie Deckmantel für ein tiefer liegendes, viel grundlegenderes Thema: Die Eheleute haben nicht nur unterschiedliche politische Orientierungen, auch ihre Wertvorstellungen weichen sehr stark voneinander ab. Das frisch verliebte Ehepaar hat sich vor ein paar Jahren zwar voller Enthusiasmus vorgenommen, diesem Ungleichgewicht mit beiderseitiger Akzeptanz zu begegnen, doch ihrer beider Weltbild stellte sich schließlich doch als zu verschieden heraus. Die paar Gemeinsamkeiten, die sie teilen – darunter nun auch ihr gemeinsamer Sohn – erwiesen sich schlussendlich als nicht ausreichend. Xias Mann sah keinen Sinn in ihren Bemühungen, Nachhaltigkeit zu leben, Müll zu trennen, sich bewusst und fleischlos zu ernähren, für biologisch angebaute Produkte mehr Geld auszugeben als nötig und sich für den Tierschutz einzusetzen. Auch ihre innovativen Unterrichtsmethoden, der Jugend spielerisch ihre umweltbewussten Lebensweisen zu vermitteln, belächelte er. Das würde doch alles nichts bringen. Er beschwerte sich oftmals, wenn es in der Wohnung nach Schmierseife roch, mit der Xia den Boden polierte, er schüttelte abweisend den Kopf, als sie darauf bestanden hatte, beim Wickeln des Kleinen auf Baby-Feuchttücher zu verzichten, um nur einige Beispiele zu nennen. So schmerzhaft die Trennung im ersten Moment auch war, so schnell kehrten Ruhe und Freiraum in Xias Leben ein. Nun konnte sie sich einzig und allein auf ihren Sohn Wei konzentrieren, der ein Jahr alt war, als Xias Mann aus der Wohnung im achtzehnten Stock des Hochhauses im Zentrum von Wuhan auszog. Er war noch zu klein, um zu verstehen. Für Xia fühlte es sich mit einem Mal nicht mehr richtig an, wieder arbeiten zu gehen. Sie wollte nicht zu der Sparte Mütter gehören, deren Kinder in einer Krabbelstube, Kindertagesstätte und dann Vorschule heranwachsen, Mütter, die also die wichtigsten Entwicklungsstufen ihrer Kinder verpassen würden. Wenn ihr Sohn erstmal in die Schule gehen würde, dachte Xia, wäre es früh genug für sie, wieder in die Berufstätigkeit zurückzukehren.

Heute ist Wei vier Jahre alt. Wie angenehm wäre es doch, wenn der Kleine nicht so viel Fragen stellen würde, denkt sich Xia, die ihrem Sohn die derzeitige Entwicklung gerne erspart hätte. Was soll sie ihm antworten, wenn er sie fragt, warum sie nicht mehr in den Botanischen Garten gingen, warum er nicht mehr mit den Nachbarskindern spielen dürfe, warum er seinen Vater nicht sehen dürfe und warum die Menschen abends auf ihren Balkonen singen? Warum? Weil hier in Wuhan, einer der wirtschaftlichen und kulturellen Metropolen des Landes, ein Virus seinen Ursprung nimmt und nicht nur die über 11 Millionen Einwohner der Stadt, sondern auch das restliche China und in weiterer Folge irgendwann Europa, Amerika, geschweige denn die restliche Welt davon betroffen sein könnten. Wie soll sie diese Antwort ausschmücken, dass ein Vierjähriger mit ihr umgehen kann?

Wie so oft, wenn sie nicht weiter weiß, greift Xia zu ihrem Handy und ruft Karin an, die zur Zeit alle aktuellen Entwicklungen in China durch Xia aus erster Hand erfährt und ihr unmissverständlich zu verstehen gibt, wie verzerrt die Medien alles nach Europa transportieren. Karin ist ganz Ohr und hält für Xia wie immer den richtigen Mix aus aufmunternden Worten und gesundem Realismus bereit, den ihre Freundin so an ihr zu schätzen weiß. Die beiden Frauen entwickeln gemeinsam eine Idee für eine Geschichte, die Xia dem Kleinen erzählen könne, sobald dieser seine Mutter diesbezüglich wieder mit Fragen bombardieren würde.

Und es sollte nicht lange dauern. Der kleine Wei ist ein aufgewecktes, junges Bürschchen und interessiert sich meistens für Dinge außerhalb seines Spielzimmers. Wann immer seine Mutter in der Küche verschwindet und ihn aus den Augen verliert, nützt er die Gelegenheit, im Wohnzimmer nach Gegenständen zu suchen, mit denen er spielen kann. Er klettert auf Tische, räumt Schubladen aus, kein Bücherregal scheint vor ihm sicher zu sein. Doch heute geht er die Sache etwas ruhiger an: Von kindlicher Neugier getrieben will er nachsehen, ob sich die Leute heute von den Balkonen wieder aufmunternde Worte zurufen. Auch faszinieren ihn die menschenleeren Straßen dort unten. Voller Tatendrang rückt der kleine Wei das Tischchen aus Mangoholz neben das Wohnzimmerfenster, er klettert hinauf, um so die nötige Größe zu erreichen, um aus dem Fenster zu schauen, und traut seinen Augen nicht, als er zum Himmel blickt. Denn alles, was der kleine Junge sieht, ist blau, nichts als blau. Sofort klettert er das Tischchen wieder hinunter, läuft in die Küche, laut nach seiner Mutter rufend und sich in seinen Worten überschlagend – so wie Kinder es eben tun, wenn sie etwas Erstaunliches, etwas Neues entdeckt haben, das Fragen aufwirft – Fragen, die offenbar nur Erwachsene beantworten können. Xia sieht nun den Moment gekommen, in dem sie ihrem Sohn in ruhigen Worten erklären wird, warum sich der Himmel über China zum ersten Mal in diesem strahlenden Blau zeigt. Gleich wird sie ihm eine Geschichte erzählen …

Trotz der erschreckenden Tatsache eines Virus und all seinen Konsequenzen riecht es in China nach Frühling und nicht nach Abgasen. Wei hat Xia gerade durch seine Frage bestätigt, was ihr Karin letzte Woche an Fakten übermittelt hat. Diese sprechen für sich. Der Farbunterschied auf den Satellitenbildern ist deutlich: Während auf dem Satellitenbild vom Februar 2019 ein dunkelbrauner Fleck über Wuhan zu erkennen ist, zeigt sich die Region heute, also ein Jahr später, auch auf den Bildern himmelblau. Braun bedeutet eine extrem hohe Belastung mit Stickstoffdioxid, einem Schadstoff, der von Fabriken, Autos und Kraftwerken ausgestoßen wird, himmelblau zeugt von einer niedrigen Konzentration des Gases. Zudem zeigen auch die Ergebnisse des Nationalen Statistikamtes für die ersten zwei Monate des Jahres 2020 einen um rund sechs Prozent geringeren Abbau des Energieträgers Kohle im Vergleich zum Vorjahr. Weiters hat Xia in einem US-Forschungsbericht des *Center of Research on Energy and Clean Air* gelesen, dass der *Shutdown* im asiatischen Riesenland zudem zu einem sinkenden Ausstoß des klimaschädlichen Verbrennungsgases Kohlendioxid geführt habe.

Das alles muss sie jetzt nur noch Wei erklären … Xia schmunzelt, während sie an ihr Telefonat mit Karin denkt, und versucht, sich Bruchstücke der Geschichte in Erinnerung zu rufen, die sich die beiden Frauen zurechtgelegt haben. Sie vertraut darauf, dass sich noch fehlende Details während des Erzählens ergeben werden.

Während ihr Sohn an ihrem Rocksaum zieht und fragend zu ihr hinaufblickt, legt sie das Geschirrtuch beiseite. Die *hot and dry noodles*, für die Wuhan bekannt ist, wird sie später aufwärmen. Sie nimmt Wei auf den Arm und setzt sich mit ihm in den einladenden Ohrensessel im Wohnzimmer. „Ich werde dir nun eine Geschichte erzählen!“

Weis tiefbraune Augen treten rund und glänzend unter den kleinen Schlupflidern hervor und ganz gespannt wendet er sich seiner Mutter zu.

„Es war einmal eine wunderschöne, große Blumenwiese. So wie du sie von den Botanischen Gärten hier in Wuhan kennst. Die Blumen blühten in voller Pracht und streckten ihre Köpfchen der Sonne entgegen, die vom blauen, wolkenlosen Himmel herablächelte – so blau, wie du ihn gerade gesehen hast. Die Bienen summten und schwirrten von einer zur nächsten Blüte. Das frische, saftige Gras war mit roten, blauen, gelben, lila und rosafarbenen Punkten gesprenkelt, wie eine große Leinwand, auf der ein Maler mit vielen Farben malt. Unter all den Blumen gab es eine sehr große Blume, die am Rande wuchs und die alles zu beobachten schien. Wie eine Wächterin stand sie da, als würde sie die gesamte Wiese beschützen wollen: eine wunderschöne Sonnenblume.

So trug es sich zu, dass die Menschen von dieser Wiese erfuhren. Anfangs waren sie begeistert von ihrer Schönheit und wussten sie zu schätzen, doch bald wurde ihnen langweilig. Sie rissen die Blumen samt der Wurzeln aus, hinterließen ihren Müll auf der Wiese und planierten sie zum Teil mit Maschinen nieder, um Bauland zu gewinnen und Häuser zu errichten. Der Himmel wurde grauer und grauer, Autos und Fabriken verschmutzten die Luft. Viele Flugzeuge durchkreuzten den Himmel. Die Blumen bekamen zu wenig Wasser durch den ausbleibenden Regen, zu wenig frische, unbelastete Luft, und schon längst waren die Bienen verschwunden. Die Natur funktionierte nicht mehr richtig, weil die Menschen sinnlose Sachen mit ihr anrichteten. Die große Sonnenblume machte sich ernsthaft Sorgen um ihre Wiese und schmiedete einen Plan: Sie rief alle Blumen zusammen und trug ihnen auf, ihre letzten Kräfte zu sammeln, um giftigen Blütenstaub zu produzieren und all ihre Pollen in der Luft zu verteilen. Die Menschen, die in Zukunft die Wiese betreten würden, sollten diesen Blütenstaub in die Nase und in ihren Mund bekommen. Das werde nicht nur böse Husten- und Niesanfälle bei ihnen auslösen, sondern sie auch ernsthaft krank machen. Anfangs versuchten die Menschen, die die Wiese nicht verlassen wollten, ihre Nasen und ihre Münder mit Masken zu bedecken oder sie hüllten ihre Gesichter in Tücher."

„So wie du, wenn du einkaufen gehst!", unterbricht Wei seine Mutter, die sich schon länger wundert, wie aufmerksam ihr Sohn ihr an den Lippen hängt und die nun glücklich darüber ist, dass er den von ihr beabsichtigten Bezug zur Realität zu verstehen scheint.

„Ganz genau so!", pflichtet sie ihrem Sohn bei und fährt fort: „Doch der Blütenstaub drang durch den Stoff der Masken und Tücher, weiter in Nase und Mund bis tief in die Lunge der Menschen, sodass diese nur mehr schwer atmen konnten und krank wurden. Also mussten die Menschen zu Hause bleiben!"

„So wie wir jetzt!", sprudelt es aus Wei heraus.

„So wie wir jetzt! Ganz genau!" Xia lächelt. „Die Welt stand also still. Die Menschen blieben zu Hause, nur mehr ein paar gingen zur Arbeit. Die Straßen waren leer. Es fuhren keine Autos mehr, nur noch wenige Lastwagen, die Nahrung herbeischaffen mussten, auch Flugzeuge flogen keine mehr. Du wirst sagen, dass das komisch ist, oder? Aber weißt du was?", fragt Xia ihren Sohn.

Wei starrt seine Mutter etwas verunsichert, aber voller Erwartung an.

„Die Wiese erholte sich, weil keine Menschen mehr kamen und ihr schadeten, und sie erstrahlte bald wieder in alter Manier. Die Blumen blühten und streckten ihre Köpfchen der Sonne entgegen, die wieder vom blauen, wolkenlosen Himmel herablächelte. Die Bienen kamen zurück, summten und flogen von einer zur nächsten Blüte, auch andere Insekten schwirrten wieder herum. Die Luft wurde wieder besser, der Regen kam wieder in regelmäßigen Abständen. Und ganz vereinzelt und vorsichtig wagten sich auch wieder die ersten Menschen auf die Wiese. Die Sonnenblume verlangte von den Blumen nicht mehr, giftigen Blütenstaub zu produzieren, um die Menschen von der Blumenwiese fernzuhalten. Sie stellte nämlich mit großer Freude fest, dass sich irgendetwas an ihrem Verhalten geändert hatte: Kinder tollten freudig in der Wiese herum, Schmetterlinge landeten auf ihren kleinen Händchen, verliebte Pärchen legten sich auf eine vorsichtig ausgebreitete Decke ins frische Grün und schauten in den blauen Himmel. Ein paar Menschen pflückten Blumen, indem sie diese vorsichtig abzupften, um sich zu Hause an einem Strauß zu erfreuen. Doch rissen sie die Pflanzen nicht mehr samt der Wurzeln aus. Niemand hinterließ seinen Müll auf der Wiese. Und sollte der eine oder andere versehentlich eine Flasche liegen gelassen haben, so kam der nächste und nahm sie mit, um sie zu entsorgen.

Zufrieden beobachtete auch die Sonnenblume das Geschehen auf der Blumenwiese und konnte sich ein Grinsen nicht verkneifen. Alles war wieder gut!“

Xia ist sehr zufrieden. Erstaunt stellt sie fest, dass sie während des Erzählens die Blumenwiese, die vielen Farbkleckse und die große Sonnenblume, die in ihrer Vorstellung ein so freundliches Gesicht, Augen mit langen Wimpern und einen breiten, lachenden Mund hat, deutlich vor ihrem inneren Auge gesehen hat. Sie hat sich die Geschichte – und das ist wörtlich zu verstehen – „ausgemalt". Am liebsten würde sie alles skizzieren, in Bildern festhalten – doch Xia verdrängt diesen kurzen flüchtigen Gedanken. Ihr Sohn wird die Geschichte von der Blumenwiese in seinem kleinen Köpfchen jedenfalls erst einmal nachwirken lassen, so ist sich Xia sicher. In ein paar Minuten, nach dem Essen vielleicht oder sogar erst heute Abend vor dem Schlafengehen wird er ihr noch ein paar Verständnisfragen dazu stellen. Jetzt aber ist es Zeit zu essen. Xia wärmt die Nudeln und deckt den Tisch.

Während sich Wei auf dem Kinderstuhl sitzend um seine Portion Nudeln kümmert – zwei Nudelenden hängen ihm aus dem kleinen Mund – kommt schon die erste Frage: „Wieso haben die Menschen der Blumenwiese so weh getan?"

Nachdem sie kurz gezögert hat, antwortet Xia: „Menschen müssen oft erst etwas Dummes machen, damit sie verstehen, wie sie es besser machen können!"

„Ich habe auch was Dummes getan, und jetzt mache ich es nicht mehr!"

Xia ist erstaunt, in welche Zusammenhänge der Vierjährige die Geschichte bringt, und sie glaubt zu wissen, worauf Wei anspielt. Vor ein oder zwei Wochen hat er die große Vase im Wohnzimmer zertrümmert. Und ja, es stimmt, seitdem macht er auch keine Polsterschlachten mehr auf der Couch, denn so ist es passiert.

„Siehst du, im besten Fall lernen wir aus unseren Fehlern, genau wie du!“, entgegnet sie ihrem Sohn, während sie ihm die Nudeln vom Mund streicht.

„Und wann“, so will Wei noch wissen, „wann sind die Menschen wieder gesund geworden?“

„Diejenigen, die brav zu Hause geblieben sind und dadurch genug Zeit hatten, darüber nachzudenken, wie sehr sie der Wiese geschadet haben, wurden auch schnell wieder gesund. Und weißt du“, fährt Xia fort, „die Menschen halfen sich dabei, die Zeit zu Hause besser zu ertragen, und deshalb riefen sie sich vom Balkon aus ermutigende Worte zu, so wie die Bewohner es hier derzeit auch tun!“

„Und sie singen!“, grinst Wei.

„Ja, genau, manche singen sogar!“

Xia ist glücklich. Wei hat vieles verstanden.

Angeregt durch ihre eigene Geschichte und durch die Fragen des kleinen Wei ist es nun Xia selbst, die abends im Bett liegt, nachdenkt, sich einige Fragen stellt und Pläne schmiedet.

Was, wenn alles einen Sinn hat? Was, wenn Menschen wirklich erst massive Fehler machen müssen und die Ressourcen der Erde bis zum Geht-nicht-mehr ausschlachten müssen und es ein Virus braucht, damit sie zu einer neuen Bewusstheit erwachen? Wenn die Wiese nicht zerstört worden wäre, wüssten die Menschen sie dann genauso zu schätzen? Wahrscheinlich nicht. Auf jeden Fall lösen Krisen wie diese ganz lapidare Bedürfnisse aus, in Xias Fall: Einkaufen, der Besuch eines Vortrags, die Wiederaufnahme ihres Berufs, ein Spaziergang mit Wei im Botanischen Garten oder ein Treffen mit Freunden. Im Zuge all dieser

Gedanken fasst Xia den festen Entschluss, dass sie – sobald das alles vorbei ist – Karin wiedersehen will. Bis jetzt war Wei zu klein, um mit ihr nach Europa zu reisen, und in die Obhut ihrer Mutter oder einer Freundin wollte sie ihn noch nicht geben. Ihren Exmann zu bitten, auf Wei aufzupassen, ist ihr nie in den Sinn gekommen. Dieser hätte sich nur wieder aufgeregt und verlangt, dass Karin doch nach China kommen solle, wenn ihr die Freundschaft mit Xia so wichtig sei, schließlich hätte sie keine Kinder.

Xia nimmt sich fest vor, dass es ab jetzt keine Ausreden mehr geben darf. Sie wird eine lange Reise in Kauf nehmen, um ihre liebe Freundin wiederzusehen. Sie wird Wei mitnehmen oder eine andere Lösung finden. Wie oft hat ihr eine frühere Kollegin, die eine Tochter in Weis Alter hat, angeboten, ein paar Tage auf ihren Jungen aufzupassen und für ihn Sorge zu tragen. Doch es wird wohl sicher noch einige Zeit dauern, bis die Flüge nach Europa wieder möglich sind, vielleicht Monate, außerdem gilt es abzuwarten, in welchem Ausmaß sich die in China ausgelöste Epidemie auf Europa und Amerika auswirken wird.

Was wird China aus all dem für Konsequenzen ziehen? Werden die Menschen aus ihren Fehlern gelernt haben? Trotz der Befürchtungen, die kurz in ihr hochsteigen, der Ungeduld, die sich plötzlich in ihr ausbreitet, bleibt Xia im Vertrauen. Eine riesige Vorfreude auf ausgedehnte Gespräche und den wertvollen Gedankenaustausch mit Karin verdrängt ihre Ängste. Ihre Freundin aus der Ferne, die sie erst einmal in ihrem Leben gesehen hat, hat eine beruhigende und inspirierende Wirkung auf sie.

Xia ruft sich schließlich noch einmal die Geschichte der Blumenwiese in Erinnerung, und plötzlich ist sie sich so sicher wie die große, lachende Sonnenblume: „Alles wird gut!“

Um der Ratlosigkeit in Pablos Gesicht ein Ende zu bereiten, versuchte Lucia erneut, das Bild, das vor ihrem geistigen Auge in Sekundenschnelle abläuft, in Worte zu fassen: Sie stelle sich einfach vor, sie sei das Verbindungsstück zwischen Himmel und Erde – wie ein Baum, dessen Wurzeln tief ins Erdreich wachsen und dessen Krone ihre Äste dem Himmel emporstreckt. Dabei fühle sie sich von unten getragen und von oben sanft geführt. Während ihr Bauchraum und ihr Brustkorb dabei ganz weit werden und ihre Rippenbögen sich heben, atme sie „nach oben" ein. Indem sie wieder alles absinken und die Luft aus ihrem Körper entweichen ließe, atme sie „nach unten" wieder aus. In einem tiefen Atemzug folge sie mit ihrer Ein- und Ausatmung einer „stehenden Acht" – in dem Bewusstsein, dass „da oben" das Beste für uns „da unten" bereitstehe. *„Es möge das Beste zum Wohle aller geschehen!"* sei die bewusste Haltung, mit der Lucia nicht nur in ihrer Arbeit Menschen gegenüber auftrete.

Mit dem Bewusstsein – also bewusst zu sein und zu leben – verhält es sich womöglich ähnlich wie mit dem Glück. So suchen wir Menschen erst nach dem Ort des inneren Glücks, wenn alle Methoden, Werkzeuge, Situationen und Personen wegfallen, die uns bislang zum vermeintlichen Erlangen eines Glückszustandes verholfen haben. In ähnlicher Weise nehmen viele Menschen sich selbst, andere und ihre Umgebung erst richtig wahr, wenn irgendetwas von außen dieses Verhalten bedingt. Glück und Bewusstheit in uns zu erleben und zu spüren, beides streben wir offenbar erst verstärkt an, wenn wir in der Außenwelt nichts mehr anderes finden, oder – anders gesagt – durch nichts mehr abgelenkt werden können, auf uns alleine gestellt sind und uns nichts mehr anderes übrig bleibt, als den Fokus auf uns selbst zu richten.

Da wir bekanntlich Gewohnheitstiere sind, uns nur ungern auf Veränderungen und neue Entwicklungen, so auch auf ein neues Bewusstsein einlassen, treffen wir auch unsere Entscheidungen aus Gewohnheit, handeln aus Pflichtbewusstsein oder folgen unserem Herdentrieb.

Was, wenn wir die Vergangenheit, all die alten begrenzten Denkweisen und all das, was uns über Jahre an Glaubens- und Verhaltensmustern von unseren Eltern und der Gesellschaft antrainiert wurde, einfach über Bord werfen würden? Was, wenn wir uns nicht immer von einem vermeintlichen Sicherheitsgefühl, den Emotionen oder der Meinung anderer leiten lassen würden? Was, wenn wir in scheinbar schwierigen Entscheidungsfragen ausschließlich auf unsere innere Stimme hören, unserem Herzen folgen und damit auf einfachste Art und Weise zum Wohle der Ganzheit beitragen würden?

Das klingt nicht nur einfach, das ist es auch! Wir müssen es lediglich noch unserem Verstand verständlich machen.

Das Bewusstsein der Trennung

(Dualität, Mangel- u. Opferbewusstsein)

Als multidimensionale Wesen leben wir Menschen in einer multidimensionalen Welt, sind eingebunden in ein großes Energiefeld, das Quantenfeld. Viele von uns bleiben in ihrem dualen Denken gefangen und leben innerhalb der räumlichen und zeitlichen Grenzen. Das eigentlich Charakteristische dieser Bewusstseinsstufe ist, dass den meisten diese Tatsache nicht bekannt ist. In einer Welt der Polaritäten, in der alles schwarz oder weiß, gut oder böse, richtig oder falsch ist, vergleichen wir uns gerne mit anderen, werten, urteilen und verurteilen Menschen durch unsere oft vorgefestigte Meinung. Wir stecken Menschen aufgrund ihrer Verhaltensweisen gerne in eine Schublade, kategorisieren, müssen allem einen Namen geben, Erklärungen finden und Ursachenforschung betreiben. Wir lassen unseren Emotionen freien Lauf, egal, ob wir andere durch unser Verhalten verletzen. Wir beklagen uns und machen die ganze Welt dafür verantwortlich, dass es uns nicht gut geht oder die Dinge nicht so laufen, wie wir es gerne hätten (Opferbewusstsein), und sind nur dann glücklich, wenn wir das bekommen, was wir uns wünschen. Wir sind uns selbst nicht genug, weshalb wir permanent Bedürfnisse und Wünsche haben (Mangelbewusstsein). Ein Wunsch beruht immer auf einer Form von Mangel. Denn ich kann mir nur wünschen, was ich noch nicht habe.

Des Weiteren scheinen wir oft nur zu gut zu wissen, was für andere das vermeintlich Beste sei. Wir zeigen Wohlwollen und Verständnis, geben gut gemeinte Ratschläge. Doch mag unsere Intention auch noch so ehrlich und selbstlos sein, so muss uns eines klar sein: Jeder einzelne trägt sein eigenes Paar Schuhe, in dem er mal leicht durchs Leben geht, mal Hindernisse bewältigen oder sogar Berge erklimmen muss. Schlüpfen wir also nicht in die Schuhe des anderen, lassen wir ihn seine persönlichen Erfahrungen machen und seine eigenen Gipfelstürme feiern.

Wir handeln sehr oft gegen unseren freien Willen und haben verlernt, auf unser Bauchgefühl, unsere Intuition zu hören. Von Geburt an tragen wir das starke Bedürfnis nach Harmonie in uns. Nur scheint es uns als selbsternannte Harmoniestifter wichtiger zu sein, dass es zunächst dem anderen gut geht, als auf unsere eigenen Bedürfnisse zu achten. Wird in einer Gruppe von Menschen ein Thema diskutiert, das in uns ein mulmiges Bauchgefühl erzeugt, so halten wir lieber mit unserer Meinung zurück, um des lieben Friedens willen, um kein Aufsehen zu erregen oder aus Angst, ausgeschlossen zu werden. Wir sagen oder tun nicht das, was wir eigentlich wollen – oft auch aus der Befürchtung heraus, der andere könnte uns nicht mehr mögen. Wir „verbiegen" uns förmlich für andere und unterdrücken unsere Gefühle. Wenn wir nicht zuallererst für Harmonie in uns selbst Sorge tragen, sondern weiterhin wider unseren Gefühlen und Bedürfnissen agieren und unser Bauchgefühl ignorieren, wie können wir dann Harmonie in die Außenwelt bringen?

Durch all diese über lange Zeit antrainierten Verhaltensweisen entfernen wir uns immer weiter von unserer inneren Wahrheit, wir verlieren nicht nur unsere Authentizität und die Verbindung zu unserem Herzen, wir leben auch abgetrennt von der Außenwelt. Willkommen im Trennungsbewusstsein!

Bewusst SEIN – aus der Vogelperspektive

Werden wir uns dieses begrenzten Denkens der Dualität, des Mangel- und Opferbewusstseins erst einmal klar, ist dies schon der erste Schritt in eine neue bewusstere Lebensweise. Wir reflektieren unser Verhalten nicht nur, wir schlüpfen sozusagen aus uns heraus und beobachten uns und unser Verhalten wie ein zweites Ich aus der Vogelperspektive. Unsere Emotionen sind noch da, doch lassen wir uns nicht mehr von ihnen beherrschen. Ähnlich verhält es sich mit unseren Gedanken, wir denken sie zwar, lassen sie jedoch weiterziehen wie Wolken, ohne das permanente Bedürfnis, sie weiterspinnen zu müssen. Wir beobachten, lassen los und versuchen nicht krampfhaft Situationen und Dinge zu ändern, die nicht zu ändern sind. Wir verlieren langsam die Lust daran, andere zu bewerten oder zu kategorisieren, uns mit anderen zu messen oder zu vergleichen. Wir empfinden es als zu mühsam. Es scheint, als gäbe es Wichtigeres und es fühlt sich auch besser an.

Wir erleben uns als immer unabhängiger von der Meinung anderer. Wir bleiben im Frieden mit uns, auch wenn andere unsere Sicht der Dinge nicht als gut empfinden, und wollen sie auch nicht länger von dieser überzeugen. Wir bleiben uns treu, bleiben authentisch, folgen unseren Gefühlen und machen das, was wir als richtig empfinden, ohne ein schlechtes Gewissen zu haben. Wir stellen unser Wohlempfinden in den Vordergrund.

Dies ist nicht etwa egoistisch, wie es uns sofort ein alter Glaubenssatz vorgaukeln will. Im Gegenteil: Nur wenn es uns selbst gut geht, können wir gut zu anderen sein. Unser Verhalten überträgt sich auf andere, wir handeln zum Wohle des Kollektivs. Es hat Auswirkungen auf alle Menschen, die uns umgeben, beeinflusst unsere gesamte Außenwelt. Und so schlagen wir langsam eine Brücke weg von der dualen Denkweise, weg von einem Bewusstsein der Trennung und des Mangels hin zur nächsten Stufe des Bewusstseins, dem Ganzheitsbewusstsein.

Das Bewusstsein der Ganzheit

(Fülle, Liebe, Einheits- und Schöpferbewusstsein)
Jeder Mensch ist als eigene, geschlossene Einheit gleichzeitig auch Teil eines übergeordneten Ganzen, Teil von etwas Größerem. Wir empfinden uns nicht mehr länger als abgetrennt von uns selbst und anderen. Wir alle sind eins, weshalb diese Bewusstseinsstufe auch als Einheitsbewusstsein oder Ebene der Liebe bezeichnet wird. Ich bin du und du bist ich. Bin ich glücklich, so hat das auch Auswirkungen auf das kollektive Bewusstsein der Menschheit. Wenn wir uns für ein Leben in Ganzheit entscheiden, sind wir glücklich, genießen das Leben in vollen Zügen, alles erscheint uns einfach, erfüllt und leicht und das strahlen wir auch aus. Den Menschen, die uns umgeben, wird diese neue Fülle an uns auffallen, sie werden uns fragen: „Was macht euch nur so glücklich?“ – doch wir belehren sie nicht. Alleine durch unsere Anwesenheit überträgt sich unser Glückszustand, wie durch einen Duftzerstäuber versprühen wir die Liebe, die wir uns selbst gegenüber empfinden. Es geht nicht so sehr um ein Handeln, sondern vielmehr um ein IN-DER-LIEBE-SEIN. Es gibt auch kein Me-

thodenbuch zum Thema „Wie erreiche ich das Ganzheitsbewusstsein?“. Es gibt nichts zu tun, außer das Herzchakra zu öffnen, sich selbst zu ehren, zu lieben und sich der wichtigste Mensch im Leben zu sein. Wir gehen keine Kompromisse mehr ein, frei nach dem Motto *„Das Beste ist gerade gut genug!“*.

Leben wir im Bewusstsein der Fülle, lieben uns selbst und sorgen gut für uns, überträgt sich das auf alle Menschen und alles, was uns umgibt, weil alles eins ist und alles zusammenhängt.

Wir sind nicht nur körperlich, wir sind pure Energie und Göttlichkeit – wir sind Lichtwesen, wir sind Liebe. Wir wurden geboren mit der Fähigkeit, uns und andere bedingungslos zu lieben – und zwar genau in dieser Reihenfolge! Die pure, nicht körperliche Liebe stellt keine Bedingungen. *Mister Ego* und unser Verstand wollen uns einreden, dass es uns unter gewissen Voraussetzungen leichter fällt, zu lieben, und unter anderen Bedingungen schwerer. Doch lieben wir wirklich, so erschaffen wir uns unsere Realität selbst jederzeit neu, und zwar nach unseren eigenen Bedingungen. Das ist der Unterschied. Wir lieben und erschaffen uns unsere Bedingungen selbst! Das ist unter Schöpferbewusstsein zu verstehen. Demnach müssen wir uns auch nichts mehr wünschen. Denn alles, was wir wollen, ist bereits da. Wie bereits erwähnt, wird ein Wunsch immer von einem Mangelzustand bedingt. Anstatt uns aber etwas zu wünschen, sind wir davon überzeugt, dass es bereits da ist und erschaffen es uns auf diese Weise selbst. So verlassen wir das Bewusstsein des Mangels und sind im Schöpferbewusstsein gelandet.

Ziehen wir zu einer weiteren Unterscheidung dieser drei Bewusstseinsebenen erneut den Begriff des Glücks heran, so kann das Bewusstsein der Ganzheit auch als Zustand des puren Glücks beschrieben werden. Im Trennungsbewusstsein wissen wir noch gar nichts vom Glück, vom Zustand der Fülle in uns, wir suchen krampfhaft im Außen. Schlüpfen wir dann in die Beobachterrolle, bekommen wir eine erste Ahnung davon, dass es da noch etwas anderes geben muss. Mit etwas Abstand stellen wir fest, dass uns so viele unserer Verhaltensweisen vom Glücklichsein abgehalten haben. Wir beschließen, uns schön langsam auf die Suche nach etwas Neuem zu machen und erkennen bereits erste Wegweiser. Schließlich kommen wir in unserem Tempo an, wir haben ihn gefunden: den Ort des inneren Glücks, des Glücks in uns. Ganzheitsbewusstsein ist nichts anderes als ein ständiges Verweilen an diesem Ort, ein permanenter Glückszustand, ein Zustand puren, ekstatischen Glücks.

Alle Bewusstseinsebenen existieren nebeneinander. Es gibt kein Ranking.

Da wir nun einmal alle an unsere physische Form auf Erden gebunden sind, brauchen wir unseren Verstand, um zu überleben, um gewisse Aufgaben im Alltag zu erledigen und um auf dieser Welt zurechtzukommen, zu funktionieren. Allerdings können wir unser Ego wie eine Art Werkzeug gebrauchen, nur vorübergehend, um es – so oft es uns möglich ist – wieder wegzulegen. Wir haben die Wahl, in welcher Bewusstheit wir leben wollen und wie hoch wir schwingen wollen. Wir sind in unserer Entwicklung als Mensch auch nicht weiter oder weniger weit, je nachdem auf welcher Ebene der Bewusstheit wir gerade aktiv sind. Dies wäre nur ein erneuter Versuch unseres Egos, uns als gut oder schlecht zu werten. Wir entscheiden selbst, ob und wie oft wir von einer Bewusstseinsebene auf die nächste *switchen*. Dies kann täglich, stündlich oder von einem Moment auf den anderen erfolgen und ist immer abhängig von der jeweiligen Alltagssituation, in der wir uns befinden.

ALLE BEWUSSTSEINSEBENEN EXISTIEREN NEBENEINANDER!

WIR HABEN DIE WAHL, AUF WELCHER BEWUSSTSEINS-EBENE WIR UNS BEWEGEN WOLLEN!

WIR SIND DIE SCHÖPFER UNSERER REALITÄT!

LUCIA –
„Cosméticos del alma“

Barcelona, am 4.4.2020

Lieber Marco,

Weil ich Dir immer alles sagen kann, habe ich auch keine Hemmungen, Dir diesen Brief zu schreiben. Dafür DANKE! Danke fürs Zuhören, auch wenn es Dich manchmal tierisch genervt hat und die Fragezeichen in Deinen Augen unübersehbar waren. Mir ist bewusst, dass Dich das Ansprechen meiner Gefühle überfordert hat und es Dir völlig fremd ist, Deine mit mir zu teilen. Drei Jahre lang habe ich versucht, den Zugang zu Deinen Gefühlen zu finden. Dass es uns vor zwei Wochen gemeinsam gelungen ist und das auch nur, weil ich gezwungen war, Dir ein Ultimatum zu stellen, berührt mich einerseits, doch andererseits erscheint es mir als zu spät. Auch wenn es verletzend für Dich sein mag, muss ich so handeln. Es ist – wie Du Dir nur unschwer vorstellen kannst – wieder einmal mein Herz, dem ich folgen will, und das mich dazu veranlasst, in eine andere Richtung zu gehen. Mir sind meine Gefühle nun einmal wichtig. Ich nehme sie wahr und ernst und ich traue ihnen. Ich kann mich immer auf sie verlassen. Ich wünschte mir, auch Du würdest Dich von ihnen leiten lassen!

Es gibt so viele Rechtfertigungen, Erklärungen, da ist Gesagtes, Gedachtes und ungesagt Gebliebenes, das ich an dieser Stelle erwähnen könnte. Mir ist es jedoch nicht wichtig, alte Geschichten aufzuwärmen. Bereits Geschehenes hat seine Berechtigung und seinen Platz in der Vergangenheit, also lassen wir es dort. Gerne erinnere ich mich dennoch an die spannenden Freizeitaktivitäten und all die neuen Erfahrungen, die ich dank Dir machen durfte. Du hast mir eine neue Seite an mir gezeigt, die ich noch nicht kannte: meine Fähigkeit, Wut zu spüren. Du hast mir die Möglichkeit geboten, diese auch ausdrücken zu dürfen, und den Mut, meine Meinung zu sagen und zu ihr zu stehen. Ich bin ein großes Stück weit in Dein Weltbild und Deine Ansichten vom Leben eingetaucht, habe sie teils gut geheißen, manchmal abgelehnt, größtenteils aber habe ich versucht, mich Dir anzupassen. Ich hoffe, Dich hat der Ausflug in meine Welt auch ein Stückchen weitergebracht.

Nun bin ich in der derzeit nur allzu spürbaren Gegenwart gelandet. Und die hat sich für mich – nicht nur aufgrund der Entwicklung da draußen, sondern vielmehr durch die Entwicklung in mir drinnen – tiefgründig verändert. Ich habe mich verändert, auch wenn es Dir nicht auffällt. Es ist schwer geworden, Dich zu erreichen (... und ich meine damit nicht per Handy!!!).

Ich wäge ab zwischen dem so lieb gewonnenen Gewohnten und der neuen Herausforderung, endlich zu mir und meiner inneren Wahrheit zu stehen. Kompromisslos. Authentisch. Aus Liebe zu mir.

In Dankbarkeit
und ohne weitere Worte, denn sie würden nichts ändern ...
Lucy.

Lucia liest den Brief wieder und wieder und überlegt, ob das auch wirklich der richtige Schritt ist. Ihr Herz sagt: „Ja!“. Ihr Kopf sucht noch nach Auswegen, um Marco nicht verletzen zu müssen. Lucia sieht der Wahrheit letztendlich ins Gesicht: Der einzige Grund, aus dem sie noch an der Beziehung zu Marco festhält, besteht darin, ihm nicht weh zu tun. Und das ist ihm gegenüber nicht fair. Nein, sie handelt nicht nur aus einer Laune heraus. Sie kann den Zeitpunkt nicht mehr genau eruieren, an dem sie nicht mehr willens war, sich für ihn zu verbiegen, anstatt sich selbst in den Mittelpunkt ihres Lebens zu rücken. Das hat nichts mit Egoismus zu tun, sondern mit eigener Wertschätzung und Selbstliebe. Ein Quäntchen Mut noch – dann wird sie den bereits frankierten Brief in den Briefkasten werfen. Noch liegt er gut verwahrt in der kleinen Kommode in der Küche.

Lucia gewinnt der Quarantäne und der Zeit, die sie nun schon alleine zu Hause verbringt, sehr viel Positives ab. Die Machtlosigkeit, mit der die Menschen der gegenwärtigen Situation ausgeliefert sind, birgt für Lucia die Chance, ihr Leben einmal näher unter die Lupe zu nehmen und die Beziehung zu sich selbst neu zu entdecken und zu genießen.

Marco, der von Lucias Trennungsabsichten nicht das Geringste ahnt, fällt die räumliche Trennung während des *Shutdowns* sichtlich schwer. Das zeigt sich in der Anzahl seiner WhatsApp-Nachrichten, der Häufigkeit seiner Anrufe und der unermüdlichen Versuche, Lucia trotz Quarantäne zu einem Treffen zu überreden. Dass es Menschen, die in verschiedenen Haushalten leben, untersagt ist, sich zu sehen, scheint für ihn kein Hindernis zu sein, als er Lucia unverblümt vorschlägt, sich in einem *Supermercado* zu treffen, um anschließend gemeinsam in „ihre“ Wohnung zu gehen, in der sich Marco bereits wie zu Hause fühlt. Lucia zeigt sich jedoch verantwortungsbewusster, sie will sich an die Maßnahmen halten und geht nicht auf Marcos Vorschlag ein. Ihr ist bewusst, dass ihr dieser offizielle Grund sehr gelegen kommt und sie den Quarantäneregeln insgeheim dankbar ist, da sie ihr Zeit verschaffen, bis sie den nötigen Mut aufbringen würde, um Marco den Brief zu schicken. Warum fällt es ihr derart schwer, ihm reinen Wein einzuschenken? Wie gut, dass sie damals nicht eingewilligt hat, als er bei ihr einziehen wollte. Das hätte alles noch viel komplizierter gemacht.

Lucias unbändiger Drang nach Unabhängigkeit ist immer schon so groß gewesen, dass er ihr, wann immer der Moment reif dafür war, das nötige Selbstbewusstsein, den Mut und die Kraft verlieh, ihre Wünsche und ihre tiefsten Träume Wirklichkeit werden zu lassen. Auch wenn das vor ein paar Jahren bedeutet hat, ihre Heimat, ihre Familie und ihre Freunde in Südtirol zurückzulassen, um in die spanische Metropole am Meer zu ziehen. Barcelona ist die Stadt, in der sie sich einen lang gehegten Traum erfüllt hat: ihr eigenes Kosmetikstudio.

Spontan, impulsiv und intuitiv – Eigenschaften, die Lucias Art zu handeln wohl am besten beschreiben. Sicher, der Umzug nach Spanien und der Aufbau ihres kleinen Business in einer Stadt, in der sie keine Menschenseele kannte, erforderte damals dennoch ein bisschen Planung. Doch Lucias Art zu planen unterschied sich gänzlich vom Vorgehen einiger ihrer damaligen Bekannten in einer ähnlichen Situation. Diese rieten ihr, erst einmal Vor- und Nachteile abzuwägen, sprachen von kopflastiger Projektplanung, organisatorischen Rahmenbedingungen, der Kostenerhebung und vielem mehr, was Lucia aber nicht im

Geringsten aus der Ruhe zu bringen vermochte. Für Lucia war es immer schon ihre stark ausgeprägte Intuition und ihr Bauchgefühl – von leicht zwickend bis intensiv prickelnd – dem sie folgte, wann immer sie es verspürte.

Hat sich Lucia erst einmal etwas in den Kopf gesetzt, malt sie sich alles detailgenau vor ihrem geistigen Auge aus und – was viel wichtiger ist – sie nimmt wahr, wie sie sich dabei fühlt. Auf diese Weise zieht Lucia ganz bewusst vieles, das sie sich wünscht oder das sie anstrebt, in ihr Leben. Sie bestimmt sich ihre Zukunft selbst, indem sie sich bereits in der Gegenwart so fühlt, als wären ihre Vorhaben, Pläne und Träume Realität. Lucia hat es sich zur Gewohnheit gemacht, morgens vor dem Aufstehen oder abends kurz vor dem Einschlafen eine Hand auf ihr Herz zu legen, tief und ruhig ein- und auszuatmen und in Gedanken eine klare Absicht zu formulieren. Dieser Gedanke ist positiv formuliert, sodass er in weiterer Folge auch positive Gefühle in ihr auslöst – Lucias Gehirn und Herz gehen also in Kohärenz miteinander, wann immer sie ihre Gedanken- und Gefühlsenergie erhöht.

Im Falle von Lucias geplantem Leben in Barcelona war es ihr Beautysalon, den sie als erstes in ihre Realität eingeladen hat. Während Lucia ihren Fokus dabei auf den Schönheitssalon ausrichtete, sprach sie in Gedanken immer wieder eine klare und positive Absicht aus. Ein Gedanke lautete damals wie folgt: „Ich spüre pure *Lebensfreude* in mir kribbeln, mein *Herz* tanzt beim Betreten dieser *traumhaften* Räumlichkeiten!“ Lucia konnte diese positiv geladenen Worte bis in ihr Herz spüren, ja sie fühlte sich so, als bestünde ihr Beautysalon bereits in der Realität. Sie erlebte und erspürte ihn mit all ihren Sinnen. Ihr geistiges Auge fungierte dabei als eine Art *go pro.* Diese Kamera auf ihrer Stirn, betrat sie ihr Beautystudio in ihrer Vorstellung: Die neue, in weiß gehaltene Einrichtung strahlt ihr förmlich entgegen, es duftet gleichermaßen nach ätherischen Ölen und sterilen Arbeitsgeräten, sie zieht die zart lilafarbenen Raffrollos bis zur Hälfte hoch und gießt die rosaroten Orchideen am Fenster. Bewusst nimmt sie während dieser gezielten und im wahrsten Sinne traumhaften Ausflüge immer auch ihre Emotionen wahr: Sie fühlt sich frei, unabhängig, motiviert, glücklich und freut sich, ihre Kunden auch an diesem Tag in ihrem selbst erschaffenen Reich verwöhnen zu dürfen.

Lucia sprach sehr oft mit ihr nahe stehenden Menschen über ihr Vorhaben. Für das Erschaffen ihrer Zukunft war es durchaus unterstützend, andere an ihren Plänen teilhaben zu lassen. Denn Worte sind ausgesprochene Gedanken. Sind letztere gespickt von purer Freude und Lebenslust, erzeugen sie auch gute Gefühle.

Am liebsten verbrachte Lucia ihre Feierabende mit Simone, der Masseurin des Wellnesshotels in Meran, in dem sie zuletzt gearbeitet hat. Nicht selten saßen die beiden Kolleginnen nach getaner Arbeit an der Bar und Lucia beschrieb Simone die präzise Lage, das äußere Erscheinungsbild und die Einrichtung des kleinen, aber feinen Salons in Barcelona bis zum kleinsten Nippes. Auch der geschwungene Schriftzug *Lucia – Cosméticos del alma*, der vor ihrem Logo, einer lilablassblauen Lotusblüte, gut zum Vorschein kommt, stand in Lucias Vorstellung bereits fest. Sie skizzierte ihn für Simone auf einer Serviette, was anderes war gerade an der Hotelbar nicht zu finden. Simone konnte es kaum fassen, dass sogar der Name des Salons bereits feststand, den sie sofort mit *Seelenkosmetik* übersetzte – sehr passend, wie Simone fand! Lucia besuchte bereits zwei Abende pro Woche einen Spanischkurs. Die Sprachen Italienisch und Spanisch sind sich – da beide romanischen Ursprungs – relativ ähnlich. Das letzte Mal, als sie ihren Urlaub in Barcelona verbrachte, konnte sie sich ohne Probleme auf Italienisch verständigen. Die spanische Sprache wäre damit also kein Handicap. Simone vermisste ihre Kollegin und Freundin damals schon, denn sie hegte nicht den geringsten Zweifel an der Umsetzung von Lucias Selbstständigkeit in Barcelona.

Genauso wie Lucia ihr Beautystudio Teil ihrer Wirklichkeit werden ließ, plante sie auch den Ablauf der Übersiedlung von Meran nach Barcelona und rief die gemütliche und helle Zweizimmerwohnung in der Innenstadt in ihr Leben. Natürlich ging sie davon aus, dass ihre *Traumwohnung* bereits auf sie warte – sie müsse sie nur noch betreten. Sie läge selbstverständlich nicht zu weit entfernt von ihrem Salon, genauer gesagt: weit genug, um Abstand von der Arbeit zu gewinnen und nah genug, um zu Fuß oder mit dem Fahrrad in 15 Minuten von A nach B zu gelangen. Worte wie *heimelig*, *sonnig* und *edel* waren Inhalt ihrer Gedanken und lösten Gefühle von Geborgenheit und unbändiger Freude in ihr aus. Wann immer sie beim Einkaufen, bei der Arbeit oder beim Spazierengehen an ihre *Traumwohnung* dachte, durchschritt sie diese in ihrer Vorstellung. Sie stellte sich bereits die wundervollsten Möbel vor, zwischen denen sie in ihrem neuen Zuhause voll Freude herumtanzte.

Einige ihrer Freunde hatten gute Tipps zur Umsetzung ihres *Projekts Barcelona* auf Lager. Wie von selbst und

scheinbar ohne Lucias Zutun griff ein Zahnrädchen ins nächste. Drei ihrer Freunde und ihr älterer Bruder hatten Zeit, ihr bei der Übersiedlung zu helfen, der Kleinlastwagen eines Arbeitskollegen von Lucias Cousin stand zur Verfügung und bald hieß es für Lucia:
„Barcelona, ya voy!"

Heute bewohnt Lucia eine entzückende Maisonettenwohnung im Zentrum von Barcelona. Nur zehn Gehminuten und einen angenehmen Spaziergang von ihrem neuen Zuhause entfernt, findet sich ihr Kosmetikstudio in einer der Seitenstraßen, die von *la Rambla*, der über einen Kilometer langen Promenade im Zentrum von Barcelona, die den *Placa de Catalunya* mit dem Alten Hafen verbindet, abzweigen. Die Menschen hier sind offen, herzlich und ehrlich interessiert. Es ist Lucia nicht schwer gefallen, Freunde zu finden und sich einen Kundenstock aufzubauen. Inzwischen ist sie Teil einer großen Clique, die sechs aufgeweckte junge Leute zählt, darunter Pablo, ihr inzwischen bester Freund. Pablo war es auch, der ihr Marco vorgestellt hat. Sie verliebte sich sofort in ihn. Er war so anders als sie, und das reizte sie. Pablo meint immer, dass der Grund, warum sich zwei Menschen ineinander verlieben, oft auch der Grund ist, warum sie sich schließlich trennen. Heute gibt Lucia ihm darin recht. Jedenfalls waren es Pablo und die gesamte Clique, die in allen Ecken Barcelonas unermüdlich Flyer verteilten, im gesamten Freundes- und Bekanntenkreis Werbung für Lucia machten und sehr großen Anteil an ihrem jetzigen Erfolg haben. Als kleines Dankeschön hatte ihnen Lucia allen eine Gratisbehandlung angeboten. Doch außer Pablo wollte bis heute noch niemand in den Genuss kommen. Die Frauen hier sind Dank der Meeresluft und dem stressfreien Lebensstil mit einem intakten Hautbild gesegnet, ihr Teint erscheint – wie man so schön sagt – von der Sonne geküsst. Pablo hingegen lässt inzwischen keine Behandlung aus und es sich nicht nehmen, auch dafür zu bezahlen. Auch Marcos Scherze und zweideutige Andeutungen können daran nichts ändern. Es ist schon was dran, dass homosexuelle Männer die besten Frauenversteher sind. Lucia liebt Pablos positive und unbesonnene Art, seinen flippigen bunten Kleidungsstil und seine Art, sich zu bewegen, die sie gerne als „nicht typisch schwul, sondern das Leben umarmend“ beschreibt. Sie genießt es, mit Pablo Arm in Arm durch Barcelonas Straßen zu schlendern, shoppen zu gehen, in den Cafés zu sitzen, um Passanten zu beobachten und Sangria zu trinken, meist ein oder zwei Gläschen über den Durst. Wann wird das wieder möglich sein? Zur Zeit überrascht Pablo Lucia gelegentlich in ihrer Wohnung, mit einem Fläschchen in der Hand und den Worten: „Ihre Online-Bestellung ist da!“ – Ja, nicht einmal der *Lockdown* ist im Stande, Pablo seinen Humor, seinen Erfindergeist und seine gute Laune zu nehmen.

Zwischen Lucia und Pablo ist alles so einfach und unkompliziert. Keine Rechtfertigungen, keine Erwartungen, keine Bedingungen. Sein „Alles gut!“ oder viel eher „Todo bien!“ ist nicht einfach so dahergesagt, sondern viel eher eine Untermauerung seines Lebensstils. Ihre größte Gemeinsamkeit ist wohl ihre Liebe zur Unabhängigkeit, und ihre gemeinsame Stärke besteht darin, das Beste aus den Menschen in ihrem Umfeld herauszulocken.

Und letzteres ist es auch, worin Lucias Ziel im Leben, oder das, was manche Menschen Berufung nennen, besteht: äußerlich als auch innerlich das Beste aus dem Menschen herauszuholen. Die gelernte Kosmetikerin wollte immer schon ein bisschen mehr, als nur „die äußere Hülle“ zu behandeln. Die Haut, das größte Organ des Menschen, grenzt ihn von seiner Umwelt ab, dient ihm als natürliches Schutzschild und vor allem – und das ist für Lucia der eigentliche Anreiz – gibt der Zustand der Haut Aufschluss über den Seelenzustand eines Menschen. In den Salons und Wellnesshotels, in denen sie in Südtirol als Kosmetikerin angestellt war, verwendete Lucia Produktlinien gängiger Industriemarken und behandelte nach Schema F: reinigen, Peeling, Dampf, ausreinigen, kurze Massage, Maske und im Spezialfall die ein oder andere Wirkstoffampulle. Das erschien Lucia schon während der Lehre an der Berufsschule als zu wenig. Ihr Interesse galt immer schon ganzheitlicheren Behandlungsmethoden und Pflegelinien mit natürlichen Inhaltsstoffen. Neben diversen Fortbildungen recherchierte sie viel, wobei sie eine natürlich energetisch wirkende Pflegelinie aus der Schweiz entdeckte, die auf der chinesischen Fünf-Elemente-Lehre (Holz, Feuer, Erde, Metall, Wasser) basiert und hochwertigste Behandlungen anbietet, die sehr auf individuelle und energetische Hautbedürfnisse eingehen. Sämtliche Behandlungsmethoden zielen darauf ab, eine Energiebalance im gesamten Körper – nicht nur im Gesicht – aufzubauen und zu erhalten. Das Ergebnis der Fünf-Elemente-Gesichtsbehandlung liegt nicht nur in einem größeren Maß an Gesundheit, sondern auch in einem ganzheitlicheren Wellnesserlebnis. In dem Wellnesshotel in Meran, in dem sie zuletzt als Simones

Kollegin arbeitete, konnte sie die Chefleute sogar von der Wirksamkeit dieser zugegebenermaßen etwas teuren, in Lucias Worten wertvollen Pflegelinie überzeugen. Auch die Masseure stiegen schließlich für die Körperbehandlungen auf die Figurpflegeprodukte der neuen Kosmetiklinie um. Der Erfolg sollte Lucia Recht geben. Ganzheitlichkeit lag und liegt im Trend.

So ist es nicht verwunderlich, dass Lucia heute im *Cosméticos del alma* auf die natürlich energetisch wirkende Pflegelinie setzt und ihre Gesichtsbehandlungen weit über die klassischen Treatments hinausgehen. Eine Behandlung beginnt mit der Entspannung des Nackens und der Schulterpartie und der Aktivierung der Atemenergie. Dabei verwendet Lucia immer eine Auswahl von individuell auf den Kunden abgestimmten, ätherischen Ölen. Die einzelnen Energiezentren werden anhand von Farblicht harmonisiert, wobei der Kunde selbst, spontan und nach Gefühl die im Anschluss verwendete Farbe wählt. Selbstverständlich wird die Haut bedampft und mittels schonender Peelings tiefengereinigt. Einer ausgedehnten energetischen Massage mit festen, wohltuenden Handgriffen folgt eine Farblicht-Energiedrainage. Während viele ihrer Kolleginnen während der Einwirkzeit der Maske die Kabine verlassen, nützt Lucia die Zeit, um ihre Kunden mit einer Handmassage zu verwöhnen. Den Abschluss bildet eine auf den Hauttyp und momentanen Hautzustand abgestimmte Tagespflege mit Lichtschutzfaktor oder – falls erwünscht – ein Tages- oder Abend-Make-up. Natürlich bietet sie eine Reihe spezieller Behandlungen an, Maniküre, Pediküre sind Standard. Tagsüber ist ihr Firmenhandy auf lautlos gestellt, um den

Kunden ein ungestörtes Ambiente bieten zu können. Sie beantwortet Anrufe nur, wenn ein Kunde ausfällt, sie ein Zeitfenster zur Verfügung hat oder in der dafür fixierten Zeit zwischen 12 und 14 Uhr.

Pablo, der bereits viele Kosmetiksalons getestet hat, hebt insbesondere ihre spezielle, körperliche sowie seelische Präsenz während der Behandlung hervor. Nicht nur, dass Lucia während der gesamten Behandlungsdauer kein einziges Mal die Kabine verlässt, sie verbindet sich auf eine angenehme Art und Weise mit ihren Kunden, taucht in deren Welt ein und scheint zu wissen, welche speziellen Bedürfnisse diese zum jeweiligen Zeitpunkt haben. Sie spricht nur, wenn erwünscht, es scheint, als hätte sie Antennen dafür entwickelt, ob der Kunde über jeden ihrer Behandlungsschritte Bescheid wissen will oder nicht. Pablo hat sich schon des Öfteren gefragt, ob es eine Methode gäbe, nach der Lucia die Bedürfnisse und Wünsche ihrer Kunden erspürt.

Einmal, ein paar Wochen vor dem *Shutdown*, hat er ihr nach zwei Sangria eröffnet, dass er sie während des Behandelns als so „anders" empfinde – das wäre nicht negativ gemeint, im Gegenteil. Interessiert erkundigte er sich, wie sie dieses Gespür für ihre Arbeit entwickelt habe. Lucia musste einen Moment lang nachdenken, ehe sie ihrem Freund antworten konnte, dass es keine Methode gäbe, zumindest nicht wirklich …

Oder doch? Plötzlich ist sich Lucia diesbezüglich selbst nicht mehr sicher. Eigentlich, so versuchte sie es weiter, sei es bloß ein tiefer Atemzug, der sie mit „da unten" und „da oben" verbinde und der ihr tiefes Urvertrauen schenke. Ihr Atem folge dabei einer „stehenden Acht", deren oberer

Teil zum Himmel hinauf kreist, sich dem Universum oder eben all dem, das sich unserem Verstand entzieht, entgegenstrecke und deren untere Hälfte in die Erde eintauche – dies sei das Bild, das in ihr entstehe.

Um der Ratlosigkeit in Pablos Gesicht ein Ende zu bereiten, versuchte Lucia erneut, das Bild, das vor ihrem geistigen Auge in Sekundenschnelle abläuft, in Worte zu fassen: Sie stelle sich einfach vor, sie sei das Verbindungsstück zwischen Himmel und Erde – wie ein Baum, dessen Wurzeln tief ins Erdreich wachsen und dessen Krone ihre Äste dem Himmel emporstreckt. Dabei fühle sie sich von unten getragen und von oben sanft geführt. Während ihr Bauchraum und ihr Brustkorb dabei ganz weit werden und ihre Rippenbögen sich heben, atme sie „nach oben" ein. Indem sie wieder alles absinken und die Luft aus ihrem Körper entweichen ließe, atme sie „nach unten" wieder aus. In einem tiefen Atemzug folge sie mit ihrer Ein- und Ausatmung einer „stehenden Acht" – in dem Bewusstsein, dass „da oben" bereits das Beste für uns „da unten" bereitstehe. *„Es möge das Beste zum Wohle aller geschehen!"* sei die bewusste Haltung, mit der Lucia nicht nur in ihrer Arbeit Menschen gegenüber auftrete.

Pablo war fasziniert, nun schien er zu verstehen. Bestätigend und ein bisschen so, als würde er um Lucias Anerkennung buhlen, erwähnte er eine Litanei an spirituellen und esoterischen Erfahrungen. Er habe schon öfter mal meditiert, mache bewusste Atemübungen zur inneren Balance, habe mehrere Kurse zur Selbsterfahrung besucht, also wäre diese „stehende Acht" oder eben „dieser verwurzelte Baum" ein Leichtes für ihn. Lucia erwiderte schmunzelnd, dass es hier weniger um ein Tun gehe als vielmehr um ein In-Verbindung-Sein. Sie wende hier wie gesagt keine Methode an, verfolge keine Strategie aus einem Selbsthilferatgeber oder eine Technik aus einem Selbsterfahrungskurs.

An jenem Abend war Pablo nicht mehr zu stoppen: „Aber, Lucy, dann sind wir doch alle die ganze Zeit über, Tag und Nacht, unser gesamtes Leben hindurch eine Art Verbindungsstück zwischen Himmel und Erde, nur sind wir uns dessen nicht immer oder vielleicht auch gar nie bewusst. Wenn ich mich mit Menschen umgebe, die mir gut tun, mit denen ein Austausch auf einer Ebene möglich ist, wenn geben und nehmen ein unausgesprochenes Gleichgewicht bilden und alles fließt, wenn ich mich in meiner Haut pudelwohl fühle, dann steht diese Verbindung und wird aufrechterhalten. Sie wird erst gekappt, wenn ich ins Wanken gerate, mich eine Situation oder das Verhalten meines Gegenübers aus dem Gleichgewicht bringt, ich in Stress gerate und mich nicht mehr wohlfühle."

„Und dann holst du dir diese ‚Anbindung nach oben und unten' eben wieder bewusst her!", vervollständigte Lucia Pablos Ausführung, woraufhin Pablo leise vor sich hin flüsterte: „Du baust einfach die *connection* wieder auf!"

Lucia musste lachen, da ihr Freund es wohl nie lassen konnte, für alles einen Anglizismus zu finden.

„Ja, genau! Es kommt zwar selten vor, aber es gibt Kunden oder Mitmenschen, die ich energetisch nicht erreichen kann oder möchte. Ich versuche erst gar nicht, mich auf ihre Ebene, in ihre Welt, zu begeben, sondern konzentriere mich vielmehr darauf, die Verbindung zu mir aufrecht zu halten. Du kennst sie sicher, Menschen, die Energie saugen, die permanent alles schwarz malen und bei denen es völlig egal ist, wie du auf sie eingehst. Sie nehmen dich nicht wahr und sind sich deiner Bemühungen nicht einmal bewusst. Worte scheinen überflüssig!“

Lucia prostete Pablo zu und meint: „Ist dir eigentlich bewusst, dass wir beide alles, was wir hier beschreiben, vereinen und bereits leben. Du bist für mich der Inbegriff dessen, was ich mit all meinen Erklärungen sagen will – oder besser gesagt du und ich, wir zwei, im Umgang miteinander. So soll es sein: leben, lieben, genießen! Das ist unser Credo! Ohne dass es uns bewusst ist, leben wir beide bereits danach. Therapien, Selbsterfahrungskurse, Meditation, Yoga, Pilates, Gesichts- und Körperbehandlungen und dergleichen … All das sind durchaus unterstützende Methoden, eben das, was ich als Seelenkosmetik bezeichne, aber eigentlich geht es nur um eins: Das Leben zu lieben! Das ist die Essenz! Das Leben ist genauso einfach, wie es sich für uns beide anfühlt, wenn wir Zeit miteinander verbringen, meinst du nicht auch?“

Nickend setzte Pablo dem Ganzen schließlich noch eins drauf: „Warum also Zeit damit verbringen, anderen, die sich in ihrem Leben lieber abrackern wollen, unser Credo zu verklickern? Manchmal sind Worte, Erklärungen und Rechtfertigungen echt überflüssig! Man sollte nur das tun, was man liebt, sowohl beruflich als auch privat, sich mit Menschen umgeben, die einem gut tun. Und wenn es nicht anders geht – schließlich kann man sich seine engsten Verwandten nicht aussuchen –, einfach mit oben und unten ‚connecten‘, dann geht auch das!“

Lucia findet bereits große Sympathie dafür, diesen gängigen englischen Ausdruck für ihre Verbindung mit dem Himmel, dem Universum oder eben allem was „da oben“

ist, zu verwenden. Das geflügelte Wort der göttlichen *connection* war geboren.

„So, genug jetzt. Setzen! 1+ für den spirituellen Meister Pablo Márquez! Jetzt lass uns ins *Twenties* gehen. Ich hab Lust zu tanzen!", waren die Worte, mit denen Lucia das Thema an diesem Abend ruhen ließ.

Das Treffen mit Pablo ist bereits ein paar Wochen her. Seitdem ist der Ausdruck *connection* nicht nur zwischen den beiden zum Insider geworden. *Das-sich-Erden-und-immer-wieder-mit-oben-Verbinden* hielt inzwischen Einzug in der gesamten Clique. Lucia ist sich nicht sicher, ob sie es sich nur einbildet, aber sie beobachtet seit geraumer Zeit eine Veränderung im Verhalten ihrer Freunde. Da zeigt sich plötzlich Lebensfreude, Selbstsicherheit und Gelassenheit, wo sonst doch so gerne auch mal lamentiert und abgelästert wurde. Gerne würde sie all das auch mit Marco teilen können, sie hob sich den Gedanken jedoch wieder einmal für später auf.

Lucia muss an ihr gestriges Telefonat mit Simone denken, die schon lange verzweifelt versucht, sich ihrer Mutter verständlich zu machen. Was immer schon eine Schwierigkeit zwischen Mutter und Tochter darstellte, kommt in Zeiten des *Lockdowns* und der Quarantäne noch stärker ans Tageslicht. Zwei verschiedene Welten prasseln da aufeinander. Lucia hat Simones Mutter nur ein einziges Mal erlebt, als diese ihre Tochter nach Arbeitsende vom Hotel abgeholt hatte. Ein Satz, eine Portion Selbstmitleid, gespickt mit schön verpackten Vorwürfen und Erwartungen, genügten Lucia damals, um ein Bild von Simones Mutter zu bekommen, ein Bild, das Simones gestrige Schilderungen untermauerten. Sicher gibt es dienliche Verhaltensweisen und Methoden aus der Therapie, wenn es im privaten wie im beruflichen Bereich plötzlich zu zwischenmenschlichen Problemen kommt. Wir Menschen sind sehr wohl im Stande, unsere eigenen angeborenen und lange antrainierten Verhaltensmuster zu ändern – sofern wir das aus tiefstem Herzen auch wollen! Doch andere Menschen ändern, das können wir wohl nur bedingt oder auf indirekte Art und Weise, indem wir sie durch unser eigenes Verhalten inspirieren. Wenn wir mit einem Menschen nicht zurechtkommen, keine Lust mehr haben, uns anzupassen und seinen Wünschen zu entsprechen, wenn wir seine Verhaltensweisen am liebsten ändern möchten und es uns wahnsinnig macht, dass dies nun mal ein Ding der Unmöglichkeit ist, bleibt uns nur eins: Wir verändern unser Verhalten ihm gegenüber und setzen dadurch neue Impulse im Umgang miteinander, wir ändern den Kurs, oder besser gesagt, wir gehen einen Schritt weiter. So inspirieren wir unsere Mitmenschen! Ob es letzteren nun bewusst ist oder nicht, spielt hierbei keine Rolle. Wir erhöhen die Energie unserer Gedanken und Worte, folgen unseren Gefühlen und handeln dadurch authentisch. Genau das oder sowas in der Richtung hat Lucia Simone gestern geraten. Für einen kurzen Moment lang ist Lucia gespannt, wie sich das Verhältnis zwischen Simone und ihrer Mutter entwickeln wird, dann ist sie sich jedoch sicher, dass bereits das Beste für Simone und ihre Mutter „unterwegs“ ist. Sie greift nach ihrem Handy und schickt Simone in einer WhatsApp ein farbenfrohes Bild: Es zeigt einen Baum, der seine kräftigen Wurzeln in den grünen Erdball unter ihm schlägt. Sein starker Stamm erwächst aus der Erdkugel, und mit seinen

Ästen und Verzweigungen umrankt er einen gelben Ball am Himmel. Ein Frauenkörper ist in der geschwungenen Form des Baumes zu erkennen, seine Äste werden zu Armen, die scheinbar das ganze Universum umarmen wollen: einen bunten Wirbel aus Planeten, Sternen, Galaxien.

Plötzlich kommt Lucia der Gedanke, auch Marco dieses Bild zu schicken, doch ein kurzes Zwicken in der Bauchgegend ist für Lucia Grund genug, diesen Gedanken schnell wieder zu verwerfen.

Soll sie ihm den Brief schicken? Oder vertraut sie vielmehr darauf, im richtigen Moment die richtigen Worte zu finden, authentisch, ehrlich, spontan. Sie beschließt, es einfach darauf ankommen zu lassen anstatt sich im Vorhinein schon im Detail zu überlegen, was sie Marco sagen wird, wenn er sich das nächste Mal telefonisch bei ihr meldet. Sie wird ihr Herz sprechen lassen. Alles andere wird sich dann schon von selbst ergeben. Als sie wie so oft Pablos Stimme in ihren Ohren hört: „Todo bien!“, gewinnt sie wieder an Sicherheit und Optimismus und auch der letzte Zweifel verblasst. Sie weiß jetzt, was zu tun ist.

Sie geht in die Küche, holt den bereits geschriebenen und so oft durchdachten Brief aus der Lade der kleinen türkis gestrichenen Kommode, nimmt aus einem der Überschränke ihrer Küche eine Messingschale und setzt sich an den Esstisch. Dort zündet sie die große und fast zur Gänze niedergebrannte rosa Kerze an und hält den Brief in die Flamme. In großem Vertrauen, dass das Beste zum Wohle aller geschehen möge, beobachtet sie die orange-rot glühenden Ränder des Briefes, der in ihrer Hand immer kleiner wird und dessen Asche sanft in der Messingschale landet. Marco würde keines ihrer Worte verstehen. Vielleicht würde er das nicht, aber immerhin spürt er, dass Lucia gerade in Gedanken bei ihm ist. Als ihr Handy vibriert, erscheint auf dem Display ein schnippisch grinsender Marco. Hektisch lässt sie den restlichen Brief in die Schale sinken und scrollt das grüne Hörersymbol nach oben.

„Hola, qué tal?“, begrüßt sie Marco wie immer ganz locker.

Und dann geschieht etwas, mit dem Lucia nicht gerechnet hat. Sie erfährt den Grund, warum Marco sich unbedingt und trotz der Quarantänevorschriften mit ihr treffen wollte. Es wäre ihm so wichtig gewesen, Lucia die ganze Sache so schnell wie möglich persönlich zu sagen und nicht am Telefon. Da sie einem Treffen aber nicht eingewilligt habe, ginge es nun nicht anders. Als er anschließend anfängt, zu stottern und sich beängstigend nahe am Rande des Verlusts der Muttersprache bewegt, keimt in Lucia eine vage Vermutung auf, und sie unterstützt ihn dabei, den Mut zur Wahrheit zu finden und hilft ihm aus der Patsche:

„Anständig, zuverlässig und ehrlich warst du ja immer schon! Aber auszudrücken, was du fühlst, das ist schwer für dich, Marco, ich weiß. Nun spuck´s einfach aus: Wie heißt sie?“

Auch wenn Lucia zugeben muss, dass ihr Ego ein bisschen gekränkt ist, überwiegt die Erleichterung. Jetzt musste sie Marco nicht mehr wehtun. Es wäre jedoch unmenschlich, wenn Lucia am heutigen Nachmittag nicht doch ein bisschen in der Vergangenheit schwelgen und an die Gemeinsamkeiten denken würde, die Marco und sie gerade in punkto Freizeitgestaltung teilten. Sie hatten immer viel Spaß, Langeweile kam nie auf, sie konnten gut Zeit miteinander verbringen, doch leider verlor ihre Beziehung nie diese oberflächliche Färbung. Wann immer ihre gegensätzlichen Anschauungen vom Leben zur Sprache kamen und Lucia auch nur ansatzweise an der Beziehungsoberfläche zu kratzen begann, ergriff Marco entweder die Flucht, blockte ab oder ging in Angriffsposition und konterte, indem er Lucia kritisierte – frei nach dem Motto *„Fight or Flight!“* – ein Grundinstinkt von Mensch und Tier im Umgang mit Angst. So sehr Lucia die Tiefe in ihrer Beziehung vermisste, so sehr vermisste Marco etwas anderes zwischen ihnen. Leider kann er ihr das auch heute während ihres langen, sehr offenen und ehrlichen Telefonats nicht beantworten. Es hätte sie auch sehr verwundert. Doch jeder Topf findet schließlich seinen Deckel. Vielleicht findet Marco ihn in Rosalia, seiner neuen Internetbekanntschaft. Es sei ihm zu wünschen, denkt Lucia. Die beiden haben anscheinend schon während der gesamten Quarantäne gechattet, und ohne dass sie sich nur ein einziges Mal wirklich begegnet sind, begannen sie sich ineinander zu verlieben. Marco plagt das schlechte Gewissen, während Lucia nicht anders kann, als die Geschichte ziemlich romantisch zu finden, was sie allerdings für sich behält. Auch für Marco hat die Quarantäne also etwas Positives. In seiner Stimme nimmt Lucia Erleichterung wahr, während er sich alles von der Seele redet. Die tiefen Atemzüge, die er zwischendurch macht, verdeutlichen Lucia, dass es auch für Marco kein Leichtes ist, sich von Lucia zu lösen.

Nachdem irgendwann alles gesagt war und groteskerweise für einen flüchtigen Moment so etwas wie wahre Nähe zwischen den beiden entstanden ist, spüren beide, dass es an der Zeit ist, sich zu verabschieden.

Abends fühlt sich Lucia, als hätte sie einen Berg bestiegen, müde und emotional erschöpft, aber gleichzeitig zufrieden und erleichtert. Zugegebenermaßen benötigt sie heute ein bisschen länger, die Verbindung zu ihrem Herzchakra zu finden. Immer wieder ist sie damit beschäftigt, ihre Gedanken an Marco und seine neue Internetflamme loszulassen. Diese erweisen sich zunächst als zäh und hartnäckig, kreisen in einer Endlosschleife durch ihren Kopf, doch langsam verlieren sie an Gewicht und ziehen vorüber. Sie machen einem Empfinden von Dankbarkeit Platz, dass das Universum schließlich dafür gesorgt hat, dass alles seinen Weg geht, zur Zufriedenheit aller Beteiligten. Leb wohl, Marco!

Lucia fällt in einen langen, erholsamen Schlaf, um am nächsten Morgen wie neugeboren aufzuwachen. Heute beginnt ein weiterer Abschnitt in ihrem Leben und sie ist schon sehr gespannt, was die Pralinenschachtel des Lebens noch so alles bereithält. Lucia hat diesen Spruch von Forrest Gump eigentlich immer geliebt und ihn oft zitiert: *„Das Leben ist wie eine Pralinenschachtel – man weiß nie was man bekommt!“* Doch an diesem Tag und just in diesem Moment empfindet sie ihn plötzlich als nicht mehr ganz so stimmig. Lucia ist sich sicher, dass sie sehr wohl ein Wörtchen mitzureden hat, wenn es darum geht, was das Leben für sie so bereithält.

Sie steht auf und geht ins Badezimmer.

„Das kalte Wasser tut so gut …“, denkt sich Lucia, als sie ihr Gesicht erfrischt und sich in dem alten, verschnörkelten Spiegel – ein Erbstück ihrer Großmutter, das unbedingt mit musste in die neue Wohnung – betrachtet. Heute hat sie

Lust, Make-up aufzutragen, was sie sonst eigentlich nur zu tun pflegt, wenn sie ins Studio muss oder sich mit Marco – ähm, sagen wir lieber Pablo – und der Clique trifft. Ein bisschen hat sie dieses Ritual vermisst und beschließt, sich heute einmal nur für sich selbst hübsch zu machen. Sie verteilt vier Tropfen flüssigen Make-ups auf ihrem Gesicht, verblendet diese anschließend mit einem Beautyschwämmchen, zieht einen rostroten Lidstrich und trägt Mascara auf, um ihre Augen zu betonen. Ein bisschen rosa Lipgloss auf die Lippen und auch zwei Tupfer links und rechts auf die Wangen – das sorgt für frische Bäckchen. Als Lucia nicht wie üblich ganz automatisch in ihr Schmuckkästchen greift, wird ihr bewusst, wie lange sie ihr silbernes Talisman-Armband und ihre Armbanduhr nicht mehr getragen hat – wie unwichtig ihr diese Dinge, diese Äußerlichkeiten doch geworden sind, wie irrelevant die Zeit …

Sie lächelt ihrem Spiegelbild zu, sie ist zufrieden, sie gefällt sich und sie mag sich. Sie würde sich heute etwas Gutes kochen, etwas Besonderes, sie würde den Tisch auf dem Balkon decken und es sich mit einem Gläschen Wein gemütlich machen. Heute – zur Feier des Tages!

„We are multidimensional beings in a multidimensional field. We are living in a quantum space where all dimensions exist. Increasing our frequencies means allowing us to remember how powerful we are …“

Um der Hektik des Kongresszentrums UX London für einen kurzen Moment zu entfliehen, steuert Karin in kleinen Schritten – größere lässt der eng geschnittene Rock ihres marineblauen Kostüms nicht zu – das Schild mit der Aufschrift *restrooms* an. Den Vortrag auf Deutsch zu halten, würde sie lang nicht so nervös machen. Andererseits kann sie sich – sollten im Anschluss Fragen gestellt werden – auf die Dolmetscherin verlassen. Viele Gedanken gehen ihr durch den Kopf. Auf der Damentoilette angekommen, stützt sie sich am Waschbecken ab, atmet einmal tief durch, als sich hinter ihr eine der WC-Türen öffnet. Karin hört eine ihr bekannte Stimme, chinesisch, schnell gesprochen, mit denen für die Sprache so eigentümlichen Lauten. Sie selbst spricht kein Wort chinesisch. Keine Sekunde später dreht sich Karin um, während der Frau hinter ihr das Handy aus der Hand fällt, als sich ihre Blicke treffen.

LASST UNS HÖHER SCHWINGEN!

Wir Menschen sind energetische Wesen, die Schwingung erzeugen, wie das Meer seine Wellen. Den verschiedenen Bewusstseinsebenen sind Emotionen zugeordnet, die alle in unterschiedlichen Frequenzen schwingen. Je nachdem, welche Emotionen wir zeigen und in welchem Bewusstsein wir uns bewegen, schwingen wir auf hoher oder niedriger Frequenz. David R. Hawkins (1927-2012), ein US-amerikanischer Arzt, Psychiater, spiritueller Lehrer und Autor, hat in einer Skala, die er die *Stufen des Bewusstseins* nennt, unterschiedlichen Emotionen Frequenzen zwischen 20 und 700 (1000) Hertz zugeteilt.

Bewusstseinsskala: Emotionen & Frequenzen

Folgenden Emotionen ordnet Dr. Hawkins in aufsteigender Reihenfolge Frequenzen zwischen 20 und 75 Hertz zu:
SCHANDE und SCHAM schwingen bei 20 Hertz. Wir verspüren Selbsthass. *„Das Leben ist ein einziges Elend!“* scheint unser Leitsatz zu sein, und unser Glaubenssatz lautet: *„Ich bin nicht genug!“*

Die Emotion SCHULD liegt bei einer Frequenz von 30 Hertz. Hier fühlen wir uns unfähig, uns selbst und anderen zu verzeihen. Wir glauben: *„Das Leben ist ungerecht!“*

Bei 50 Hertz schwingt die Emotion der APATHIE. Wir scheinen uns selbst aufgegeben zu haben (z.B. Obdachlose), und unser Leitsatz ist: *„Das Leben ist hoffnungslos!“*

TRAUER finden wir auf der Skala bei 75 Hertz. Wir sind depressiv und ständig mit unsere Vergangenheit beschäftigt, die wir, so scheint es, nicht verarbeiten können. *„Das Leben ist tragisch!“* ist unsere Devise.

FURCHT liegt bei 100 Hertz. Wir leiden unter Existenzängsten, passen uns an andere an und vertreten den Glaubenssatz: *„Das Leben ist gefährlich und riskant!"*

Die Emotion der BEGEHRLICHKEIT, die wir mit VERLANGEN übersetzen können, befindet sich bei 125 Hertz. Sucht und Gier sind uns hier keine Fremdwörter, wir sind abhängig von der Außenwelt, von materiellen Dingen, z.T. auch von Drogen und toxischen Substanzen. *„Das Leben ist enttäuschend!"* – dieser Gedanke hat sich in unseren Köpfen geradezu manifestiert.

Eine weitere Emotion schwingt bei 150 Hertz: die WUT. Zur Wut sei gesagt, dass es sich um eine nach innen gerichtete Emotion handelt, die durchaus auch Qualitäten des Mitgefühls und der Sensibilität in sich trägt – nicht zu verwechseln mit Aggression und Gewalt, stark angreifende, nach außen gebündelte Energien, die der Vermeidung von Wut dienen.

Die letzte Emotion, die auf der Skala nach David R. Hawkins noch unter 200 Hertz schwingt, bildet der STOLZ. Auf 175 Hertz schwingend identifizieren wir uns mit materiellen Werten, vergleichen uns mit anderen und definieren unseren Selbstwert über die Außenwelt.

Genannte Emotionen, die alle unter 200 Hertz liegen, zählen zu den EMOTIONEN DES NIEDEREN SELBST. Wenn wir in diesem Bereich schwingen, sind wir uns selbst nie genug, wir ziehen das Haben dem Geben vor und befinden uns im Überlebensmodus. Wir sehen uns selbst als getrennt von der Umwelt und machen andere und die Außenwelt für unser Leid verantwortlich. Wir befinden uns im Mangel- und Opferbewusstsein.

Auf einer Frequenz von 200 Hertz finden wir den MUT. Diese Emotion gilt als wichtiger Schwellenwert und Türöffner zu den höher liegenden Ebenen. *„Mut ist die Angst, die gebetet hat!"* (Corrie ten Boom) – haben wir der Angst und der Furcht erst einmal in die Augen geblickt, sie akzeptiert und schließlich losgelassen, ist MUT das Ergebnis.

Die EMOTIONEN DES HÖHEREN SELBST beginnen also ab einer Frequenz von 200 Hertz. Stufe für Stufe gehen wir über von einem Mangelbewusstsein in ein Bewusstsein der Fülle. Schwingen wir in diesem Bereich, sind wir bereit zu geben, befinden uns im Schöpfermodus, das Bewusstsein der Ganzheit beginnt. Wir betrachten uns nicht mehr länger als vom Außen abgeschnitten. Wir zeigen bereits echte innere Stärke, das Leben scheint machbar und wir zeigen durchaus Interesse, etwas zu verändern. Wir sind selbstbewusst.

Die Ebene der NEUTRALITÄT finden wir bei 250 Hertz. Bewegen wir uns emotional auf dieser Ebene, fallen wir kaum mehr zurück auf niedere Frequenzen, wollen uns aber auch nicht unbedingt weiterentwickeln. Die Ebene der Neutralität verkörpert für uns eine gewisse Komfortzone der Bewusstseinsentwicklung, unsere Bedürfnisse sind gestillt und wir scheinen nicht mehr zu brauchen, als wir bereits haben. Wir sind im Vertrauen.

GUTWILLIGKEIT liegt bei 310 Hertz: Hier reicht es uns nicht mehr aus, die eigenen Bedürfnisse gestillt zu wissen, wir wollen uns immer weiter verbessern, sind positiv eingestellt, begeistert und stecken andere mit unserer Begeisterung an. Das Leben ist voller Hoffnung. Menschen, die beispielsweise mit dem Gedanken spielen, sich beruflich selbstständig zu machen, schwingen auf dieser Frequenz.

Auf der Ebene der AKZEPTANZ schwingen wir bereits bei 350 Hertz, übernehmen Verantwortung für unser Leben und geben der Außenwelt nicht mehr länger die Schuld an unserer Lebenssituation. Wir haben Vergangenes losgelassen und akzeptiert. Das Leben lenkt uns. Wir können das Leben nicht kontrollieren, wir können nur unterschiedlich darauf antworten: Wenn wir mit Akzeptanz antworten, vergeben wir uns und anderen automatisch. Das Leben ist voller Harmonie.

Der VERNUNFT als Ebene des Verstandes werden 400 Hertz zugeteilt. Viele Experten, Wissenschaftler und Ärzte sind auf dieser Ebene zu finden. Auf dieser Frequenz schwingend sind wir uns über unsere Talente, Fähigkeiten und Stärken bewusst und wollen diese nutzen, um anderen zu helfen. Wir haben alle anderen emotionalen Aspekte überwunden, das Leben ist bedeutungsvoll. Wir beginnen, Zusammenhänge zu verstehen und ein tieferes Verständnis zu entwickeln. Doch das dualistische Denken steht uns noch ein bisschen im Weg und stellt eine Hürde auf dem Weg zur höchsten Bewusstseinsebene, der Erleuchtung, dar. Es gibt noch gewisse Grenzen zwischen dir und mir. Dass alles miteinander verbunden ist, erscheint dem Verstand zunächst noch sehr suspekt.

Erst durch die komplette Aufgabe der Dualität können wir voll und ganz ins Ganzheitsbewusstsein eintreten. Alles ist eins, Trennung ist eine Illusion. Ich bin Du und Du bist Ich. Ist das Ego erst einmal aufgelöst, gibt es nichts mehr, was uns voneinander trennt.

Die Emotion der LIEBE schwingt bei 500 Hertz. Auf dieser Herzensebene angelangt, fungiert unser Ego nur mehr als Werkzeug, das wir vorübergehend einsetzen, um zu überleben und gewisse Aufgaben im Alltag zu erledigen. Das Ego beherrscht uns nicht mehr. Wir sind mit unserem höheren Selbst verbunden und erkennen unsere schöpferische Kraft. Das Leben ist uns wohlgesonnen und wir haben Demut vor der Schöpfung.

Wenn wir derart im Vertrauen sind und wissen, dass alles von selbst zu unserem und zum Wohle aller geschieht und es nichts mehr zu tun gibt, wir keine Ziele mehr benötigen, da uns alles wie von selbst zufließt, dann sind wir auf der Ebene der FREUDE und der jetzt BEDINGUNGSLOSEN LIEBE angelangt und schwingen mit einer Frequenz von 540 Hertz. Dies ist eine ekstatische Ebene. Wir fließen hundert Prozent mit dem Fluss des Lebens mit und leisten keinen Widerstand. Wir sind gelassen, unsere Lebenslage ist komplett und vollwertig. Jeder Tag ist nur ein weiterer Bonus unserer derzeitigen Vollkommenheit. Hier erfahren wir auch sehr tiefe Heilung.

Im Zustand des FRIEDENS bei 600 Hertz löst sich das Ego schließlich völlig auf, wir haben uns vollständig vom Verstand befreit, das Menschliche geht über ins Göttliche. Es wird ganz still in unserem Kopf und wir sind vollends transzendiert. Es gibt nichts mehr in der Außenwelt, das uns triggern kann, weil wir zu hundert Prozent im Frieden mit uns sind. Wir spüren durchweg eine starke Glückseligkeit, und das Leben ist perfekt und vollkommen.

Zwischen 700 und 1000 Hertz liegt das Dach des Bewusstseins, die höchste Bewusstseinsebene, die ERLEUCHTUNG: Der Mensch ist vollkommen mit dem Göttlichen verbunden. Wir werden eins mit der Quelle des Seins. Jesus oder Buddha sind Erleuchtete. Allein durch ihr Dasein strahlen sie ein unheimlich positives Gefühl aus. Sie sind PURES BEWUSSTSEIN. Alleine indem wir uns gedanklich mit Jesus oder Buddha verbinden, können wir unser Bewusstsein erheben.

Auf dieser Frequenz schwingt z.B. auch die Emotion der DANKBARKEIT. Wir konzentrieren uns einfach auf all das, was wir bereits haben, anstatt uns das zu wünschen, was wir nicht haben. Darin steckt auch eine Art der Meditation. Eine schöne und – wie ich finde – wahre Definition in diesem Zusammenhang ist: *„Meditation ist das Spüren von Dankbarkeit!"* Dankbarkeit ist der effektivste Weg, mit der Seele in Kontakt zu treten. Das Ego tritt aus dem Weg und ermöglicht uns, Mitgefühl, Verständnis und Liebe zu genießen.[3]

An dieser Stelle ist es mir ein großes Anliegen, noch einmal zu betonen, dass die Skala der Bewusstseinsstufen, die Hawkins pyramidenartig darstellt, nicht wertend zu verstehen ist. Wir Menschen bewegen uns immer auf verschiedenen Ebenen, je nachdem in welchem Bereich des Alltags wir tätig sind (z.B. Arbeit, Beziehung), und machen von unterschiedlichsten Emotionen Gebrauch. Wir sind deshalb keine besseren oder schlechteren Menschen. Je öfter wir uns allerdings emotional in den höheren Ebenen bewegen, desto „stabiler" bleiben wir, desto weniger fallen wir auf niedere Level zurück.

Farbpalette der Emotionen

Hawkins pyramidenartiger Bewusstseinsskala würde ich gerne eine kreisförmige Darstellungsform gegenüberstellen. Die Emotionen könnten als Farbsegmente auf gleicher Ebene angeordnet sein. Den unterschiedlichen Frequenzen sind auch in Hawkins Skala verschiedene Farben zugeordnet. Auf diese Weise entsteht eine Art „Farbpalette der Emotionen".

Betrachten wir Menschen uns als Maler, wäre der Pinsel das Werkzeug unseres freien Willens, den wir in verschiedene Farbkleckse tauchen, denen unsere Emotionen zugeordnet sind. Den Farben lassen wir schließlich auf der Leinwand, die unser Leben versinnbildlichen soll, freien Lauf. Wie der Maler, der die Leinwand bemalt, gestalten wir uns unser Leben. Wir schöpfen aus dem Reichtum der Farbpalette und entscheiden jeden Moment auf ein Neues, von welcher Farbe wir wie viel auf die Leinwand bringen und wann und wie oft wir welche Emotion fühlen wollen. Und wann immer uns das Bild nicht mehr gefällt, wählen wir andere Farben, übermalen einzelne Stellen oder entschließen uns sogar dazu, ein ganz neues Bild entstehen zu lassen. Wir erschaffen uns eine neue Realität.

Alles schwingt im Quantenfeld

Wir alle sind eingebunden in ein großes, unsichtbares Quantenfeld. Es befindet sich jenseits von Raum, Zeit und Form und besteht aus Wellen und Teilchen. Alles schwingt im Quantenfeld. Auch wir erzeugen Schwingung. Unsere Gedanken und Gefühle liefern die Energie, mit der wir auf unterschiedlichen Frequenzen schwingen – wir entscheiden, wo (auf welcher Bewusstseinsstufe) und wie (auf hoher oder niedriger Frequenz) wir schwingen wollen.

Indem wir denken und fühlen, verbinden wir uns mehrmals pro Sekunde mit dem Quantenfeld und erschaffen uns dadurch unsere Realität immer wieder neu. In jedem einzelnen Moment können wir entweder Gutes oder Schlechtes aus dem Quantenfeld anziehen. Unserem Unterbewusstsein ist es völlig egal, ob wir uns schöne oder weniger schöne Dinge vorstellen, um sie zu erleben. Wir erhalten immer das, worauf wir unseren Fokus richten. Unsere Energie (Gedanken und Gefühle) folgt immer unserer Aufmerksamkeit, und unsere Aufmerksamkeit, oder das, worauf wir sie richten, beeinflusst unsere Realität.

Wenn wir im Moment verweilen, unsere Gedanken und Gefühle bewusst wahrnehmen und lernen, sie miteinander zu verbinden, gehen unser Gehirn (Gedanken) und unser Herz (Gefühle) in Kohärenz miteinander. Verändern wir unsere Gedanken- und Gefühlsenergie, hat das Auswirkungen auf unser Leben und unsere Umgebung. Unser Umfeld reagiert immer auf unsere Frequenz. Aus diesem Grund ist es nicht ganz unwichtig, auf welcher Frequenz wir schwingen. Wir tragen Verantwortung für unser Handeln. Handeln wir also wie ein Meister – oder üben wir uns zumindest darin!

Unbewusste Gedankenmuster, begleitet von niedrig schwingenden Emotionen, die wir uns in der Vergangenheit antrainiert haben, führen dazu, dass wir Situationen aus dem Quantenfeld heranziehen, die uns wieder und wieder die gleichen Erfahrungen machen lassen. Um uns unsere Realität neu zu erschaffen, müssen wir unsere Gedanken und Gefühle verändern. Es ist dabei nicht nötig, alte Verhaltens- und Denkmuster des Unterbewusstseins zu bearbeiten. Es ist völlig ausreichend, aufmerksam Innenschau zu halten. Taucht ein altes Programm oder Denkmuster, eine negative Emotion in uns auf, so genügt es, diese neu zu „überschreiben", ihr sozusagen gegenzusteuern, indem wir mit einer klaren gedanklichen Absicht Freude und Fülle für uns kreieren, die sich sofort in unserer Umgebung widerspiegeln wird. Wir erhöhen die Energie unserer Gedanken- und Gefühlswelt. Hoch schwingende Emotionen wie Dankbarkeit und Freude erschaffen einen ganzheitlichen Seinszustand.

Die klare Absicht

Unser Körper, unsere Worte, unsere Gedanken und Gefühle und auch unser Unterbewusstes besitzen also eine bestimmte Kraft, die uns ein permanentes Aussenden und Empfangen aus dem Quantenfeld ermöglichen. Indem wir eine klare Absicht von all dem formulieren, was wir in unserem Leben empfangen wollen, und uns dabei fühlen, als wäre dies bereits Realität, indem wir mit all unseren Sinnen bereits im Hier & Jetzt erleben, was wir uns wünschen, sind wir im Stande, uns unsere Zukunft selbst zu bestimmen. Ein Leben voller Freude und Glück kann das Ergebnis sein.

Der Fokus, also das, worauf wir unsere Aufmerksamkeit richten (z.B. eine neue Wohnung), bleibt dabei immer der gleiche, während die klar formulierte Absicht immer wieder eine andere sein kann. So könnten wir beispielsweise morgens vor dem Aufstehen eine Hand auf unser Herz legen, tief und ruhig atmen und in Gedanken klar und positiv formulieren: „Ich betrete meine *edle* Traumwohnung mit einem *freudigen Kribbeln* im Bauch. Ich *tanze* um meine neuen *Luxusmöbel* und verspüre dabei *pure Lebensfreude*!“

Je höher schwingend die Worte, die unsere Gedanken kleiden, desto höher schwingen auch unsere Gefühle. Je stärker unser denkendes Gehirn mit unserem fühlenden Herz in Kohärenz tritt und je intensiver unsere Gefühle dabei in Resonanz mit unserem Herzen gehen, desto rascher ziehen wir von uns Erwünschtes aus dem Quantenfeld an.

Indem wir alles, was wir uns wünschen, so oft wie möglich niederschreiben, mit anderen in „höchsten Tönen“ darüber sprechen, uns in unserer Vorstellung Bilder machen und uns im Geiste ausmalen, was wir empfangen wollen, erschaffen wir unsere Realität neu und erhöhen permanent unsere Schwingung. Wir genießen uns mit all unseren Sinnen, erforschen das Unbekannte in uns und lassen unsere Gefühle unseren Gedanken folgen. Weiters können wir unsere Gedanken und Bilder zu einem Symbol zusammenfassen, um alles schneller zu aktivieren und in uns abrufen zu können. Auf diese Weise sendet unser Herz die höchsten Energiefrequenzen hinaus ins Quantenfeld, und wir verlassen die ausgetretenen Pfade der Vergangenheit!

TRIFF DEINE WAHL!

FOLGE DEINER INNEREN WAHRHEIT!

GEHE DEINEN WEG!

MANIFESTIER DIR DEIN LEBEN!

KARIN –
Wissenschaft trifft Bewusstsein

„We are multidimensional beings in a multidimensional field. We are living in a quantum space where all dimensions exist. Increasing our frequencies means allowing us to remember how powerful we are …“

Um der Hektik des Kongresszentrums im „*UX London*“ für einen kurzen Moment zu entfliehen, steuert Karin in kleinen Schritten – größere lässt der eng geschnittene Rock ihres marineblauen Kostüms nicht zu – das Schild mit der Aufschrift *restrooms* an. Den Vortrag auf Deutsch zu halten, würde sie lang nicht so nervös machen. Andererseits kann sie sich, sollten im Anschluss Fragen gestellt werden, auf die Dolmetscherin verlassen. Viele Gedanken gehen ihr durch den Kopf. Auf der Damentoilette angekommen, stützt sie sich am Waschbecken ab, atmet einmal tief durch, als sich hinter ihr eine der WC-Türen öffnet. Karin hört eine ihr bekannte Stimme, chinesisch, schnell gesprochen, mit denen für die Sprache so eigentümlichen Lauten. Sie selbst spricht kein Wort chinesisch. Keine Sekunde später dreht sich Karin um, während der Frau hinter ihr das Handy aus der Hand fällt, als sich ihre Blicke treffen. Karin erkennt ihre so lieb gewonnene Freundin Xia, und die beiden Frauen fallen sich sofort freudig in die Arme.

Es ist dies das erste Wiedersehen, seitdem sie sich vor einer gefühlten Ewigkeit auf einem Kongress in Karins Heimatstadt Frankfurt kennengelernt haben. Anlass des Kolloquiums damals war die Initiative *Deutsch-Chinesisches Jahr der Wissenschaft und Bildung.* Der heutige Vortrag in London ist nur der Beginn des lang ersehnten und gut geplanten Treffens der beiden Frauen. Die Biologielehrerin aus Wuhan sitzt als eine der rund 600 Besucher im Publikum, das sich aus Experten, Wissenschaftlern und anderen Interessierten zusammensetzt. Sie ist unermesslich stolz, die Vortragende, Karin Wagner – inzwischen ein nicht unbekannter Name in ihren Kreisen – zu kennen. Xia begründet Karins Einzigartigkeit in den zwei gänzlich unterschiedlichen Seiten, die diese Frau zu vereinigen scheint: die bodenständige und realistische Karin, die die Welt mit analytischen und wissenschaftlichen Augen betrachtet, anderen dabei aber nie das Gefühl gibt, über ihnen zu stehen, und auf der anderen Seite das feinfühlige und feinspürige Wesen, das ihre Umwelt und die Menschen darin in höchstem Grade respektiert und auch fähig ist, Dinge anzunehmen, die vielleicht nicht ganz so greifbar oder beweisbar sind. Als Umweltbiologin und Klimaforscherin spielt sie nicht etwa die große Weltverbesserin, sondern will den Menschen vor Augen führen, wie sie durch ihr eigenes Verhalten Einfluss auf ihre direkte Umgebung und damit auf ein ganzes System haben, frei nach dem Motto: *„Verändere ich mich, verändert sich auch mein Umfeld.“* Ihr vielschichtiges Interesse geht weit über das Gebiet der Umweltwissenschaften hinaus und gilt seit gut zwei Jahren dem Wesen der Quantenphysik und dessen Auswirkungen auf das Bewusstsein des Menschen.

Dementsprechend trägt der heutige Vortrag den Titel *A Multidimensional Quantum Space & The Change of Human Consciousness.*

In einfachen Beispielen erklärt Karin zu Beginn die Grundlagen der Quantenphysik. Obgleich der Tatsache, dass deren Gründerväter Albert Einstein und Max Planck der Quantenphysik bereits Anfang des 20. Jahrhunderts durch ihre experimentelle Beweisführung ausreichend Legitimität verliehen hätten, sei diese immer noch nicht in die Welt der Wissenschaften integriert worden. Daran hätten in weiterer Folge auch Erwin Schrödinger oder Werner Heisenberg mit seiner mathematischen Formulierung der Quantenmechanik nichts ändern können. Laut Betrachtungsweise der Quantenphysik sei es der Beobachter selbst, der seine Umgebung beeinflusse und der Materie dadurch erst ihren Sinn gäbe. Erst durch die subjektive Betrachtungsweise existiere Materie letztendlich, durch die Bedeutung, die ihr der jeweilige Beobachter beimesse. Eine objektive Wirklichkeit, also die bloße Existenz eines Objekts – durch Ort und Zeit bestimmt – gäbe es demnach nicht. Das Wesen der Quantenphysik läge in der Information, im reinen Wissen über die Existenz eines Objekts. Ein Teilchen wie z.B. ein Elektron könne an mehreren Orten gleichzeitig existieren. Erst wenn man ihm Bedeutung beimesse, es beispielweise untersuche, existiere es. So sei ein völlig neues Weltbild entstanden, nämlich dass eine äußere Wirklichkeit vom Inneren des Betrachters abhänge, das Objektive der Wirklichkeit also vom Subjektiven des Bewusstseins – eine Gegenbewegung zu der bisherigen Tendenz, die Materie im Äußeren zu beschreiben und das Seelische im Inneren zu belassen. Das ergebe natürlich auch eine Konsequenz hinsichtlich der Frage nach dem Sinn des Lebens: Wenn wir als bewusste Wesen nicht mehr trennbar wären von der äußeren Wirklichkeit und die äußere Wirklichkeit nicht mehr als getrennt gedacht werden könne von der bewussten Wahrnehmung von ihr, dann sei plötzlich das da draußen nichts anderes als ein Spiegel von uns selbst. Infolgedessen sei der Mensch der bestehenden Umwelt nicht einfach ausgeliefert, sondern erfahre die Natur als einen Ausdruck von Bewusstsein. Er kreiere seine Umwelt selbst und trete als Schöpfer seiner eigenen Realität in ihr auf. In ihrem Vortrag bezeichnet es Karin als schier unfassbar, dass es der Quantenphysik trotz der bereits hundertjährigen Erkenntnisse durch Einstein & Co bis heute nicht gelungen sei, in vielen Bereichen des Lebens wie der Biologie oder Medizin Einzug zu halten. Grund dafür sei, dass der menschliche Verstand es einfach nicht zulasse, dass wir uns als eins mit dem Außen betrachten oder noch weniger, dass ein und dasselbe Objekt gleichzeitig an unterschiedlichen Orten existieren könne.

Im zweiten Teil des Vortrags setzt Karin voraus, dass unser Verstand eben diese Annahme zulasse und beschreibt, in welchem Ausmaß eine solch schöpferische und subjektive Betrachtungsweise der Wirklichkeit unser Bewusstsein verändern und welchen Einfluss dies auf unsere direkte Umwelt haben könne. Den Begriff „Umwelt" verwendet Karin in diesem Zusammenhang nicht nur im Sinne von Natur, Tier- und Pflanzenwelt oder dem globalen Klima, sie bezieht sich insbesondere auf unser soziales Umfeld. Sie spricht von den Auswirkungen, die eine derartige Betrachtungsweise der Außenwelt als neue Bewusstseinsform auf unser Berufsfeld, unsere Familie und Freunde haben könne.

Im letzten und – wie Xia findet – spannendsten Teil des Vortrags beleuchtet Karin uns Menschen in einem riesigen, einheitlichen Energiefeld, dem Quantenfeld, in dem viele Dimensionen nebeneinander existieren. Neben unserer Körperlichkeit, die wir benötigen würden, um auf der Welt grobstofflich zu funktionieren, seien wir auch energetische Wesen. Wie jede Form von Materie, wie jeder andere Körper auch bestünden wir aus Energie und würden in unterschiedlichen Frequenzen schwingen. Jeder Emotion sei eine Schwingung zugeordnet. Emotionen wie Gier, Neid, Hass oder Wut würden auf niederen Frequenzen schwingen, höheren Energieleveln seien Emotionen wie Vertrauen, Mut und Liebe zugeordnet. Würden wir höher schwingen, würden wir uns auch in einem höher schwingenden Umfeld bewegen, blieben wir einer niederen Frequenzebene verhaftet und würden unserer Außenwelt mit Angst und Vorurteilen entgegentreten, würden wir unsere Umwelt auch derart negativ erleben. Menschen mit höherer Bewusstseinsentwicklung würden in reiner Fülle leben, das Leben genießen und es als einfach und leicht betrachten und dies allein durch ihre Präsenz an ihr Umfeld weitergeben.

In ihren abschließenden Worten betont Karin, dass wir die Wahl hätten, uns für ein – wie es so schön heißt – „beschwingteres" Leben zu entscheiden oder zu denjenigen gehören zu wollen, die auf niederen Energieleveln zurück bleiben.

Nach tosendem Applaus und einer ausgedehnten anschließenden Fragerunde gelingt es Karin schlussendlich, mit Xia zu „fliehen". Die beiden Freundinnen essen in einem exquisiten Londoner Restaurant, trinken guten Wein und wechseln erst das Lokal, als dieses schließt, um in einer Bar weiter ihr Wiedersehen zu feiern. Als Karin und Xia mit dem Taxi im *Eden Park Hotel* ankommen – Karin hat alles perfekt arrangiert –, gehen auch an der Hotelbar gerade die Lichter aus. Zu blöd, die beiden müssen wohl im Zimmer ihre Gespräche fortsetzen. So viel ist geschehen, das sie im Detail ausschmücken wollen, Karin erzählt sehr viel über ihr neues Haus und ihr Leben mit Arthur. Xia kann nicht aufhören, in höchsten Tönen von ihrem Sohn zu schwärmen, den gerade die Krise zu einem so frühreifen Kerlchen gemacht habe. Es gibt so viel, was sich die beiden zwar telefonisch mitgeteilt oder in Mails geschrieben haben, doch Geschichten erzählen sich nun mal besser, wenn ein Gegenüber das Gehörte mit Mimik und Gestik kommentiert, bestätigt und bestenfalls aufnimmt wie ein Schwamm. Zwischendurch geht es bei den beiden auch immer wieder ums Fachliche, insbesondere dreht sich ihr Gespräch um den heutigen Vortrag, dessen Inhalt offensichtlich nichts mehr mit Umweltbiologie zu tun hat. Und dieser, so Karin, sei erst der Beginn einer ganzen Vortragsreihe. Viele Fragen bleiben in dieser Nacht unbeantwortet, viele Erlebnisse ungeteilt, als Karin und Xia um drei Uhr morgens die Augen zu fallen.

Aus dem geplanten Shoppingtag in London wird wohl nichts. Da die beiden verschlafen haben, entscheiden sie sich lieber dafür, in Ruhe das exklusive Frühstücksangebot des *Eden Park* in Anspruch zu nehmen und dann direkt zum Flughafen zu fahren. Xia telefoniert kurz mit ihrem Exmann, um sich zu erkundigen, wie es den zweien denn so ginge und ob Wei oft nach ihr frage – schließlich war der Junge noch nie fünf Tage am Stück ohne seine Mutter. Es sei alles ok, sie solle sich bitte keine Sorgen machen und ihre Zeit genießen. Zwischendurch hört sie immer wieder ihren Sohn im Hintergrund dazwischenreden und lachen, sie schickt ihm einen lauten Kuss durchs Handy.

Sie würden später ausführlicher telefonieren, wenn sie in Frankfurt gelandet sei.

Karin wohnt in einem reizenden Haus in einem Frankfurter Vorort, und Xia verschlägt es die Sprache, als sie aus dem Taxi steigen, Karin das verschnörkelte Gartentor aus Schmiedeeisen öffnet und Xia den Vortritt lässt. Über einen kleinen, aus Pflastersteinen gelegten Pfad durch den Vorgarten, ein paar Stufen hinauf, deren Treppengeländer von zarten Rosen umrankt ist, gelangen sie zu der grün gestrichenen, massiven Eingangstür, die sich wie von Geisterhand öffnet: Arthur heißt Xia und seine Frau willkommen. Er habe sie schon erwartet. Freundlich begrüßt er Xia, indem er sich für China landesüblich leicht verbeugt, sich vorstellt und dann seiner Frau einen liebevollen Kuss auf den Mund gibt – Xia ist berührt von Arthurs Höflichkeit und der offensichtlichen Nähe zwischen den beiden. Für Karin ist es selbstverständlich, Xia zuallererst in ihr Gästezimmer zu führen, denn nach einer langen Reise und insbesondere in einer neuen Umgebung – und da ticken fast alle Frauen gleich – gilt: ankommen, akklimatisieren, frisch machen. Karin setzt diesem Bedürfnis noch das Sahnehäubchen auf, indem sie Xia das verlockende Angebot macht, sich noch etwas auszuruhen und sich wie zu Hause zu fühlen. Erst jetzt bemerkt Xia, wie müde sie vom Reisen ist, das aufregende Wiedersehen, die Zeitumstellung und die gestrige Nacht haben ihren Rhythmus gehörig durcheinandergebracht. Nach einer wohltuenden Dusche in dem kleinen, aber feinen Badezimmer, das an das gemütliche und helle Gästezimmer anschließt, kuschelt sie sich in die frische Bettwäsche, deren betörender Duft und zarter Blümchendruck in unaufdringlichen Pastelltönen sie förmlich zu einem Nickerchen aufrufen. Xia fühlt sich wie im Paradies.

Frisch erholt und eine Stunde später kommt Xia aus dem ersten Stock und wird bereits erwartet. Auch Karin hat sich etwas ausgeruht, während Arthur fleißig in der Küche gewerkelt und Vorbereitungen fürs Abendessen getroffen hat.

„Kochen ist Gott Lob sein größtes Hobby!" Karin muss Xia nichts erklären, längst weiß diese, dass Kochen nicht zu ihren Talenten gehört und Arthur dies gerne übernimmt. Karin dreht mit Xia auf deren Wunsch hin eine kleine Runde durchs Haus. Zuerst aber kredenzt ihnen Arthur einen kleinen Aperitif an der Bar, die die Großraumküche stilvoll vom Wohnzimmer trennt. „Nehmt die Gläser doch mit!" bedeutet ihnen Arthur, der sich allem Anschein nach in seinem Lieblingsbereich befindet und keine Anstalten macht, diesen in der nächsten Zeit zu verlassen. Für Xia zeugt dies jedoch nicht nur von Eigeninteresse, sondern viel mehr von dem ungemeinen Taktgefühl, das Karins Mann den beiden Frauen entgegenbringt, um ihnen die nötige Privatsphäre zu gönnen.

Wieder eine Stunde später serviert er ihnen ein Dreigängemenü: Den Beginn macht eine kalte Köstlichkeit, ein Salat aus Erdbeeren, Rucola, grünen Spargelspitzen und Parmesanchips. Das darauffolgende Wok-Gericht wird von Xia genauso gelobt wie der abschließende Nachtisch: eine – selbstverständlich selbst gebackene – warme Schoko-Tarte auf erfrischendem Früchtespiegel. Wohl gesättigt und bei einem guten Gläschen Weißwein – Xia kann sich nicht erinnern, wann sie das letzte Mal in einer so kurzen Zeitspanne derartig viel Alkohol getrunken hat – unterhalten sich die drei bestens. Als könnte Karin Xias Gedanken lesen, schenkt sie ihr regelmäßig Wasser nach.

Xia entgeht nicht, wie Arthur und Karin miteinander umgehen: liebevoll, in großem Vertrauen, gegenseitiger Wertschätzung und mit dem nötigen Quäntchen Humor. So bezeichnet Arthur sie zwischendurch als „seine Karrierefrau“. Ihm ist dabei sehr wohl bewusst, wie sehr sich bei seiner Frau die Haare sträuben, wenn sie jemand als solche bezeichnet, ein von ihm gerne verwendetes Mittel, um sie zu necken. In diesem Zusammenhang wiederholt er aus heiterem Himmel den Heiratsantrag, den er Karin während der Quarantänezeit über Videokonferenz, der ein paar Verwandte und Freunde ohne Karins Wissen zugeschaltet waren, gemacht hat: „Liebe Frau Wagner, wollen Sie meine ‚Karrierefrau‘ werden?“

Karin verdreht die Augen. Für sie impliziert dieser für sie längst aus der Mode gekommene Begriff nämlich immer noch den klaren Vorwurf an die moderne Frau, ihren Job über Kinder und familiäre Pflichten zu stellen. Doch wie vielen Frauen gelinge es heutzutage, ihre berufliche Karriere und ihre Familie unter einen Hut zu bekommen, ohne dabei Wichtiges zu verpassen oder Kinder in einen Hort geben zu müssen? Frau müsse sich schließlich nicht mehr entscheiden zwischen Karriere und Kindern. Karin habe ihre Interessen und ihre Leidenschaft zu ihrem Beruf gemacht. Und hätte sie Kinder, würde sie ihre berufliche Entwicklung zwar unterbrechen, aber sicher nicht abbrechen. Lediglich eine glückliche und erfüllte Mutter sei eine gute Mutter, warum also auf einen Lebensinhalt verzichten, der zu großen Teilen ihre Persönlichkeit ausmache, durch den sie sich ständig weiterentwickle, der sie fortwährend zu neuen Einsichten bringe und ohne den sie viele unglaublich interessante und wertvolle Menschen nie kennengelernt hätte?

Xia weiß, dass das Thema Kinder ein heikles zwischen den Eheleuten ist, denn Arthur wünscht sich bereits Kinder, Karin ist aber noch nicht bereit dafür. Also erkundigt sich Xia nun genauer nach dem Kennenlernen von Arthur und Karin und nach dem Zeitpunkt, an dem sich die beiden ineinander verliebt haben. Sie ahnt dabei nicht, dass sich Arthur immer sehr gerne in den fachlichen Details ihres gemeinsamen Studiums und Karins beruflichen Werdegang verliert, bevor er schließlich zum Punkt kommt.

„Karin und ich kennen uns – wie du sicherlich weißt – seit unserer Zeit an der Uni. Unser gemeinsames Interesse an Umweltbiologie und naturwissenschaftlichen Fragestellungen, die das globale Ökosystem betreffen, haben wir nicht nur im Vorlesungssaal, sondern auch im Rahmen der Gruppenarbeiten und der kleinen Forschungsprojekte geteilt, die wir von Anfang an zusammen bewerkstelligten. Wir waren Studienkollegen und Freunde, die stundenlang fachsimpelten, zusammen lernten, Prüfungen bestanden und – wenn auch selten – kleinere Rückschläge in unserem Studienalltag meisterten. Natürlich gingen wir auch aus, doch wir nahmen unser Studium etwas ernster als der Rest unserer damaligen Clique. Wir sahen in uns bereits die erfolgreichen Wissenschaftler der Zukunft und waren von unbändigem Ehrgeiz getrieben. Ein zwischen uns unausgesprochener, aber allzeit gegenwärtiger Wettstreit war es wohl, der uns zu Höchstleistungen antrieb und hinter dem sich vielleicht auch das Geheimnis verbarg, warum wir beide unseren Abschluss in Mindestzeit gemacht haben.

Unsere gemeinsamen Freunde sahen in uns das vermeintlich perfekte Paar, das wir zu Studienzeiten aber nie waren. Uns schien es offenbar wichtiger zu sein, im Studienplan voranzukommen, als uns von Gefühlen ablenken zu lassen. Während ich mich neben den Theorien und Methoden zur Erforschung der Umwelt immer schon lieber mit den politischen, juristischen und wirtschaftlichen Rahmenbedingungen, die für den Umweltschutz bedeutsam sind, auseinandersetzte, stand für Karin der Bereich Klimaforschung an erster Stelle. Für uns beide war klar, dass wir in die Forschung gehen würden, doch im zweiten Studienabschnitt spezialisierten wir uns auf andere Fachgebiete und bewegten uns in andere Richtungen, haben uns dadurch auch nicht mehr so oft gesehen wie zu Beginn des Studiums. Lange Rede, kurzer Sinn: Als ich zur Abschlussfeier meine fixe Freundin als Begleitung mitbrachte, war für uns beide klar, dass unser zukünftiger Kontakt auf den beruflichen Kontext, Kongresse oder themenübergreifende Forschungsprojekte begrenzt bleiben würde. Und so war es auch. Was Karin betrifft, so hat sie – wie du sicherlich weißt – sofort nach Abschluss ihres Studiums eine Arbeitsstelle direkt an der Universität in Frankfurt gefunden. Einer ihrer Professoren schlug ihr den freien Platz in der Forschungsabteilung für Klimawandel vor. Das damalige Forschungsprojekt setzte sich zum Ziel, Klimawissen in die gesellschaftliche Praxis zu integrieren, indem gemeinsam mit Anwendern exemplarische Lösungen für den Klimaschutz entwickelt, erprobt und umgesetzt werden. Da war Karin, wie du dir unschwer vorstellen kannst, sofort Feuer und Flamme.“

Als Arthur dabei ist, den Schwerpunkt seiner Ausführungen ganz selbstlos auf Karins berufliche Laufbahn zu lenken, deren Details Xia alle schon kennt, wird Karin unruhig und weist ihn etwas ungeduldig darauf hin. Xia fuchtelt daraufhin hektisch mit den Händen und lenkt Karin ein. Sie höre Arthur gerne reden, finde es charmant, mit welcher Begeisterung er die Karriere seiner Frau schildere. Sichtlich zufrieden und stolz, Xia auf seine Seite gezogen zu haben, setzt er seine Erzählung fort: „Da das Forschungsprojekt auf Karins Profil wie zugeschneidert zu sein schien und sofort ihren Ehrgeiz weckte, nahm sie den Job an der Uni in Frankfurt an. Denn nur indem sich Forschung und Praxis untereinander austauschten, um eine gemeinsame Forschungsagenda für den Wissensbedarf aus Politik, Wirtschaft und Zivilgesellschaft zu definieren, könne eine konkrete praktische Relevanz erreicht werden. Weiters entsprach es Karins Ansicht, dass es Lücken im Verständnis des Klimasystems zu füllen sowie Klimatrends und deren Folgen verlässlich abzuschätzen galt. Nach geraumer Zeit übernahm sie sogar die Leitung der Forschungsabteilung. Begleitend und ihre Arbeit unterstützend nahm sie immer schon begeistert an zahlreichen Kongressen im In- und Ausland teil, absolvierte zahlreiche Fortbildungen und spezialisierte sich, verschriftlichte ihre Thesen und Forschungsarbeiten und stellte sie der Universität zur Verfügung.“

Als Arthur schließlich bewusst wird, dass er eigentlich immer noch nicht auf Xias Frage eingegangen ist, die ja eigentlich wissen wollte, wie aus Karin und ihm ein Paar geworden sei, entschließt er sich – wenn er nun schon einmal das Thema verfehlt hat –, seine Ausführungen zumindest noch zu einem runden Abschluss zu bringen, Karin werde dann schon übernehmen. Also fügt er hinzu: „Meine Karrierefrau ist nicht nur gut in ihrem Job, weil sie ihn liebt, sie beweist auch heute immer noch den richtigen Riecher. Sie ist zur richtigen Zeit am richtigen Ort, knüpft Beziehungen, die sie auf ihrer Karriereleiter vorantreiben. Auf diese Weise gelang ihr schließlich auch der Sprung vom Publikum auf die Bühne. Geburtsstunde ihrer Ära als Vortragsrednerin war das Angebot, die Eröffnungsrede des Kolloquiums im *Kongress Park Hanau* zu halten, das anlässlich des *Deutsch-Chinesischen Jahres der Wissenschaft und Bildung* in Frankfurt stattgefunden hatte. Aber dazu muss ich weiter nichts erzählen, oder Xia? Damals habt ich euch beide schließlich kennengelernt, wie lange ist das nun her? Sieben Jahre?"

Xia und Karin nicken. Ja, vor rund sieben Jahren haben sie sich dort kennengelernt und auf Anhieb gut verstanden.

„Gott sei Dank hast du mich danach angesprochen, Xia, es war bei uns wohl Liebe auf den ersten Blick, nicht wahr?" Karin übernimmt kurzerhand das Ruder: „Ich war damals so nervös und gleichzeitig voll prickelnder Vorfreude, mich dem auserwählten Expertenpublikum vorstellen, meine Ideen zum Thema anreißen und einen spannenden Vortragsabend einleiten zu dürfen."

„Du wirktest ganz und gar nicht nervös, auf mich hatte es den Eindruck, als hättest du schon zigmal auf so einem Podium gestanden und wärst es gewohnt, vor so vielen Leuten zu sprechen. Es schien dir richtiggehend Freude zu bereiten. Du warst in deinem Element. Genau wie gestern. Aber jetzt mal zurück zu meiner Frage. Ich weiß, dass ihr euch seit eurem Studium kennt, aber wann seid ihr ein Liebespaar geworden? Alles was ich von dir weiß, Karin, ist, dass du – als eine Feier wieder erlaubt war – den Arthur von der Uni geheiratet hast!“ Xia will es nun endlich wissen, sie wird ungeduldig und versteht nicht, warum die beiden so ein Geheimnis aus dem Anfang ihrer Liebesbeziehung machen.

„Naja …“ Karin wirft ihrem Mann einen prüfenden Blick zu und als dieser verschmitzt in die andere Richtung blickt, weiß sie, dass es wohl an ihr ist, die Geschichte zu erzählen: „Das Virus erreichte also auch Deutschland. Wer hätte gedacht, dass ausgerechnet Wuhan, die Stadt, die ich bisher nur mit dir, meine Liebe, verbunden habe und die für mich dadurch rein positiv konnotiert war, Auslöser einer Pandemie sein würde. Du hast mich ja immer auf dem Laufenden gehalten und über die prekäre aktuelle Entwicklung in eurer Stadt informiert, aber dass sich das Virus derart schnell auch auf Italien, Österreich, Deutschland, Spanien und Frankreich ausbreiten würde, hätte ich nie gedacht. Masken zu tragen war für uns hier in Deutschland viel befremdlicher als für euch, die ihr das Tragen von Masken ja durch die Smogbelastung in vielen Metropolen schon gewohnt seid, oder? Wie auch immer. Auf der einen Seite fehlte mir die Öffentlichkeitsarbeit. Ich erledigte meine Forschungsarbeiten von zu Hause aus. All meine Vorträge wurden auf unbestimmte Zeit verschoben, Kongresse wurden logischerweise auch keine mehr veranstaltet. Ich bin nicht der Typ, der über YouTube oder Life Zoom mit Menschen kommuniziert. Aber vielleicht war ich auch einfach zu faul und genoss es andererseits, einmal ohne schlechtem Gewissen etwas ruhiger zu treten. Wie soll ich sagen, Arthur und ich hatten uns bis auf einige Kongresse oder andere berufliche Events, bei denen unsere Gespräche auf Fachliches und Small Talk beschränkt blieben, seit der Uni nicht mehr wirklich gesehen und derart entfremdet, dass es weh tat. Und dank der Krise – so muss ich heute wirklich sagen – kamen wir uns wieder näher. Viel näher … In Zeiten der Quarantäne haben wir beide unabhängig voneinander des Öfteren aneinander gedacht und begannen, uns Mails zu schreiben. Zuerst erkundigten wir uns noch etwas zögerlich nach dem Wohlergehen des anderen, loteten vorsichtig aus, wie viel Interesse wir dem anderen zumuten könnten. Dann schrieben wir uns, um Fachliches zu diskutieren – darin waren wir bekanntlich Meister. Es gab uns die nötige Sicherheit und Leichtigkeit im Umgang miteinander zurück, die während der Studienzeit so allgegenwärtig war. Schließlich entstand das beiderseitige Bedürfnis, dem anderen all das mitzuteilen, was seit dem Uniabschluss in unserer beider Privatleben geschehen ist. Uns wurde jetzt erst bewusst, wie viele gemeinsame Interessen wir hatten, und die waren nicht nur beruflicher Natur. Mit den Tagen wurden unsere Mails immer intimer. Wir beide waren zu der Zeit Single ... und …“ Karin stockt.

Xia wirft Karin verständnisvolle Blicke zu, die ihr bedeuten, dass sie nicht weitersprechen müsse, doch Arthur hilft seiner Frau aus der Patsche: „Jedenfalls habe ich es irgendwann nicht mehr ausgehalten und hab‘ die Quarantäneregeln gebrochen. Ich bin zu Karin gefahren und an diesem Abend … naja … wir haben wohl alles nachgeholt, was in Studienzeiten einzig und allein unseren Freunden klar war. Und das ohne Maske, ich muss es gestehen!“

Die drei müssen plötzlich alle schallend loslachen …

Xia verschlägt es einige Sekunden später die Sprache, Arthur und Karin scheinen ihre Gedanken lesen zu können, als ihr schlagartig bewusst wird, dass ja auch der Heiratsantrag in Zeiten der Quarantäne erfolgt ist. Arthur rückt also mit einer Erklärung heraus, um auf Xias erstaunten Blick zu reagieren: „Es ist verrückt, aber mir war sofort klar, dass ich nicht mehr länger warten wollte. Wir haben genug Zeit ohne einander ‚verschwendet', und da wir uns ja eigentlich schon einmal so gut kannten und nun wieder zueinander gefunden haben, war es für mich das Risiko wert, Karin derart schnell die Frage aller Fragen zu stellen. Und zu meiner Freude hat sie Ja! gesagt."

Die Chemie stimmt einfach zwischen den dreien und Karin nützt dies wieder einmal als Beweis für ihre so oft mit Xia diskutierte, neuartige Betrachtungsweise: „Da siehst du es wieder mal, meine Liebe: Wir schwingen auf der selben Frequenz, Synchronizität auf ganzer Linie! Mit dir und mir ist es so, und mit Arthur und mir verhält es sich genau gleich. Deshalb hab ich mir auch nicht die geringsten Gedanken darüber gemacht, ob ihr zwei euch auch gut verstehen werdet."

Xia und Karin lächeln sich wissend zu. Es verhält sich nämlich so: Während der Krise, die für viele Menschen durchaus auch eine willkommene Phase des Rückzugs bot und damit die Möglichkeit, Dinge neu zu überdenken, stießen Karins ausgedehnte Ausführungen zum Bewusstseinswandel der Menschen bei Xia auf dermaßen fruchtbaren Boden, dass auch sie Bücher zu diesem Thema geradezu verschlang, regelrecht „aufwachte" und alles in einem anderen Licht zu sehen begann. Während der angeregten und stundenlangen Telefonate und in den ausführlichen Mails zwischen Deutschland und China haben die beiden Frauen es sich zur Gewohnheit gemacht, sich gegenseitig darauf hinzuweisen, wann sie „niedriger schwingen“ und wann ihre Emotionen auf hoher Frequenz sind. Sie „fütterten“ sich gegenseitig regelrecht mit als herausfordernd erlebten Situationen aus ihrem Alltag, die sie nun immer einfacher zu meistern scheinen und die ihnen als freudiger Beweis für ihre neue Sicht der Dinge dienen. Alles erscheint auf einmal so logisch, so einfach, und alles ergibt einen Sinn.

Für Xia hat Karins gestriger Vortrag in London wieder viele ihrer Fragen beantwortet. Immer noch ist sie verblüfft, in welche kompakte Form ihre Freundin dieses komplexe Thema gebracht hat.

Später an diesem Abend, als es sich Xia in ihrem schönen Blümchenbett gemütlich macht, lässt sie alle Eindrücke von nicht ganz zwei Tagen in Europa noch einmal Revue passieren. Dabei fühlt es sich an, als wäre sie bereits eine Woche hier. Karins Vortrag war so beeindruckend. Sie behandelte das umfassende Thema einerseits empirisch genug, um seine wissenschaftliche Berechtigung nicht zu verlieren, und ließ auf der anderen Seite ausreichend Freiraum für Subjektivität und Bewusstseinsbildung des Einzelnen, ohne zu sehr ins Spirituelle abzurutschen. Es ist ihr zweifelsohne gelungen, ausgehend von möglichst einfach gehaltenen Prinzipien der Quantenphysik auf das Bestehen eines einheitlichen, multidimensionalen Energiefeldes überzuleiten. Ob wir diesen enormen *shift of energy*, den derzeitigen Energieschub der Erde, nun erleben und unsere emotionalen Frequenzen erhöhen wollen, um schließlich als energetische Wesen über unser Bewusstsein all das erfahren zu können, was wir erfahren wollen, das ließ Karin schließlich im Raum stehen.

Neben den Inhalten des Vortrags und den vielen intensiven Gesprächen sind es auch die lange Nacht in London, ihre Ankunft in Deutschland und das herzliche Willkommen im Haus der beiden, die Xia noch geraume Zeit wach halten, bevor sie in einen langen und erholsamen Schlaf fallen soll. Sie fühlt sich wohl hier, es kommt ihr vor, als würde sie nicht nur Karin, sondern auch Arthur schon ewig kennen. Auch das Kommunizieren auf Englisch ist ihr alles andere als befremdlich. Karin und die englische Sprache sind für sie untrennbar, sie kennt es nicht anders. Als ihr einfällt, dass sie aufgrund des so kurzweiligen Abends sogar vergessen hat, ihren Exmann noch einmal anzurufen, um – wie vereinbart – diesmal auch mit ihrem Sohn zu sprechen, erschrickt Xia. Doch ihr Handy verzeichnet keinen Anruf in Abwesenheit. Alles ist gut. Sie würde sich morgen bei den beiden melden. Plötzlich sieht Xia auch ihre Scheidung in einem anderen Licht. Das erste Mal bereut sie es nicht, kampflos eingewilligt zu haben – im Gegenteil, es war der richtige Weg. Es war ihr, als hätten ihr Mann und sie nicht nur auf unterschiedlichen Leveln gestanden, sondern auch in anderen Welten gelebt. Manchmal ist es wohl das Beste, zu akzeptieren, dass alles Reden und Diskutieren zu nichts führt, wenn zwei Menschen einfach zu unterschiedlich sind. Irgendeinen Sinn wird es wohl gehabt haben, denkt sich Xia, dass sie sich trotz ihrer Unterschiedlichkeit, der sich beide von Anfang an bewusst waren, zueinander bekannt haben. Und dieser Sinn trägt den Namen Wei, ist sechs Jahre alt und obendrein zuckersüß. Inzwischen, so ist sich Xia sicher, würde sie sich auf keine Kompromisse mehr einlassen, sie hat nur das Beste verdient und das strahlt sie auch aus. Es steht für Xia außer Frage, dass sie den richtigen Partner in ihr Leben ziehen würde. Dass es sich dabei um einen liebevollen Kinderbuchautor aus ihrer Heimatstadt handeln sollte, der genau auf ihrer Wellenlänge schwimmen und ein Talent in ihr fördern würde, zu dessen Umsetzung Xia bislang der Mut fehlte, ahnt sie zu diesem Zeitpunkt freilich noch nicht. Zufrieden und voller Vertrauen schließt sie die Augen und freut sich jetzt schon auf den morgigen Tag.

Auch Karin und Arthur liegen noch wach, beide beflügelt vom heutigen Abend. Arthur hätte sich nicht gedacht, dass dieses zarte, achtsame, wissbegierige und liebevolle Geschöpf namens Xia so viel Ähnlichkeit mit seiner Frau hat. „Optisch könntet ihr beide nicht unterschiedlicher sein, und doch, wenn ich euch beobachte, ihr gestikuliert gleich und scheint oft einzig und allein über eure Blicke zu kommunizieren. Die eine weiß, was die andere sagen möchte, noch bevor sich diese dessen überhaupt bewusst ist. Ihr brennt für die gleiche Sache … faszinierend …“

Arthur gibt seiner Frau einen Kuss auf die Stirn, und nachdem sich die beiden eine gute Nacht gewünscht haben, tut es Karin Xia gleich und fühlt noch einmal in sich hinein. Sie lässt die Ereignisse seit der Ankunft ihrer Freundin aus China noch einmal wie einen Film vor ihrem inneren Auge ablaufen und ihr wird eines bewusst: Sie hat derart viele Kollegen, Freunde und Bekannte, doch zwei Zimmer nebenan liegt in genau diesem Moment jemand, auf den sie, so scheint es, ihr ganzes Leben gewartet hat, eine wundervolle Frau, die ihr vor sieben Jahren wie aus heiterem Himmel „zugefallen“ ist, mit der sie sich nicht im gleichen Raum befinden muss, um sie zu spüren, und die sie scheinbar ohne Worte und wenn, dann sogar in einer Fremdsprache besser versteht als jeder andere (Arthur ausgenommen). Es gibt nur einen Begriff, der Karin passend erscheint, um ihre Beziehung zu Xia zu beschreiben. Einen Begriff, den Karin schon so oft gehört, aber immer wieder belächelt hat, und dieser lautet: Seelenverwandtschaft.

„Welche Wege das Schicksal hier wohl beschritten haben muss, um uns beide zusammenzuführen … faszinierend …", so lautet Karins letzter Gedanke, als auch ihr schließlich die Augen zufallen.

Anna ist schwanger. Im achten Monat. Heute fügt sie der Favoritenliste für Mädchennamen Lena hinzu. Das ruft in ihr plötzlich eine Freundin aus der Grundschule in Erinnerung, und sie fragt sich, was wohl aus ihr geworden sei. Alles, was sie weiß, ist, dass Lena seit ihrem Skiunfall nicht mehr in St. Gallen wohnt. Wohin sie gezogen ist, das hat Anna vergessen. Überhaupt vergisst sie in letzter Zeit sehr viel, eine Begleiterscheinung der Schwangerschaft, wie sie sich von Freundinnen, die bereits Mütter sind, hat sagen lassen. In letzter Zeit denkt Anna viel an alte Freunde und frühere Kollegen. Doch frei nach dem Motto *„aus den Augen, aus dem Sinn"* hat es sich auch zwischen Anna und Lena so zugetragen, dass sie sich anfangs noch öfter gesprochen oder geschrieben hatten, der Kontakt dann aber mehr und mehr verebbte, bis schließlich nicht einmal mehr die obligatorische Geburtstags-SMS kam.

Doch heute gibt es keine faule Ausrede mehr, die Zeit ist reif und die Neugierde groß: Anna greift kurz entschlossen zu ihrem Handy, scrollt im Alphabet ihrer Telefonkontakte, und unter L findet sie *Lena von früher*, eine Festnetznummer. Die Verbindung steht …

Theoretisches Wissen hat durchaus seine Berechtigung. Immer noch erliegen wir der Macht der Gewohnheit, krampfhaft Informationen zu sammeln, uns einen Überblick zu verschaffen, Sachverhalte aufzugliedern und zu kategorisieren, Erklärungen zu finden und Ursachenforschung zu betreiben. Diese „Relikte" alter Denk- und Verhaltensmuster geben uns nach wie vor Sicherheit und Struktur, was auch völlig in Ordnung ist. Doch angesichts der derzeitigen Entwicklung verliert jedes Wissen an Relevanz, „irgendetwas", das niemand so recht definieren kann, scheint uns mit aller Vehemenz entgegenzurufen, dass die Zeit mehr als reif ist, umzudenken, unser Leben in vielen Bereichen völlig neu zu gestalten und womöglich sogar unsere Identität neu zu definieren.

Im Folgenden möchte ich einen kurzen Einblick geben, wie diese Art NEU ZU LEBEN für uns in der Praxis aussehen kann. Ob wir nun schon ein bisschen auf den Geschmack gekommen sind und davon bereits eine gute, wenn auch noch etwas befremdliche Vorstellung haben oder für uns alles noch eine komplett fiktive Vision darstellt, spielt dabei keine Rolle – unser Innerstes wird in jedem Fall überwältigt sein. Einerseits erscheint uns alles als zu schön, um wahr zu sein, andererseits können wir durchaus tiefes Vertrauen in den Lauf der Dinge haben. Wenn in naher Zukunft nicht das Beste zum Wohle aller Menschen geschehen würde, was hätte diese ganze Entwicklung dann für einen Sinn?

Um einen besseren Blick auf die verschiedenen Bereiche unseres Lebens werfen zu können, stütze ich mich auf *Die fünf Säulen der Identität*, ein Konzept des deutschen Psychologen und Gestalttherapeuten H.G. Petzold, und möchte dazu zunächst ein paar Worte zum Begriff *Identität* verlieren.

Unter *Identität* (v.lat.: *identitas* = Wesenseinheit) verstehen wir nach Petzold die Einzigartigkeit eines Lebewesens, insbesondere eines Menschen. Die Identität als eine einzigartige Persönlichkeitsstruktur des Menschen gibt Aufschluss darüber, wer wir sind, auf wen wir uns beziehen, wer sich auf uns bezieht und worüber wir uns definieren, was uns als Mensch ausmacht. Identität zeigt sich einerseits in unserem Auftreten, unserer Gestik und Mimik, der von uns gesprochenen Sprache und dem körperlichen Auftreten, aber natürlich auch in unserem inneren Bild von uns, unserem Selbstwertgefühl und unseren Glaubenssystemen, Werten und Idealen. Unsere Persönlichkeit verändert sich im Verlauf unseres Lebens, wobei ständig Informationen aus dem Selbst *(„Wie sehe ich mich selbst?")* und der Umwelt *(„Wie sehen mich meine Mitmenschen?")* ausgetauscht, übernommen oder zurückgewiesen werden. Sowohl unser Selbstbild als auch unser Fremdbild sind einem ständigen Wandel unterzogen, unsere Identität befindet sich also in einer lebenslangen Entwicklung.

In seinem Modell benennt Petzold Leib/Leiblichkeit, soziales Netzwerk, Arbeit & Leistung, materielle Sicherheit und Werte & Ideale als *Die fünf Säulen der Identität*, die die Persönlichkeitsstruktur eines Menschen bauen, stützen und tragen. Zu einer *Identitätskrise* kommt es immer dann, wenn eine oder mehrere dieser Säulen starken Veränderungen ausgesetzt sind oder gar vollständig „wegbrechen", und die anderen Bereiche diese nicht ausreichend stabilisieren können.[4]

Nun ist es offensichtlich, dass die derzeitige Entwicklung dieser Welt bereits starke Auswirkungen auf all unsere Lebensbereiche hat. Die fünf Lebenssäulen, aufgrund derer wir unsere Identität finden, werden wohl auch weiterhin andere Gestalt annehmen, oder besser gesagt, wir werden die einzelnen Lebensbereiche anders gewichten als bisher und andere Prioritäten setzen. Haben wir uns beispielsweise bislang fast ausschließlich über unseren Beruf definiert, so liegt es nun durchaus im Bereich des Möglichen, dass wir unserer Familie oder unserer eigenen Selbstverwirklichung mehr Raum in unserem Leben schenken. Solange keine dieser fünf Säulen vollständig „wegbricht", kann eine solch wirklich tief greifende Veränderung auch als Chance gesehen werden, unsere Identität neu auszurichten, unseren Lebenssinn neu zu definieren und damit auch unsere Mitmenschen auf eine ganz erfrischende neue Art wahrzunehmen. Diese werden ihrerseits auch uns mit völlig anderen Augen betrachten. An dieser Stelle wage ich sogar zu vermuten, dass es uns irgendwann vielleicht sogar gleichgültig sein wird, über welchen Bereich unseres Lebens wir unsere Persönlichkeit definieren, weil wir erkannt haben, dass unsere wahre Identität in unserem Inneren liegt. Definieren müssen wir uns nur, wenn wir uns als getrennt vom Außen betrachten. Doch wir sind eins mit unseren Mitmenschen und verbunden mit unserer Außenwelt und allem, was ist. Unser Verstand will sich mit allem und jedem identifizieren, nicht aber unser Herz. *Mister Ego* ist es wieder, der nicht glauben kann, dass alles so schön und einfach ist. Das würde ja bedeuten, dass wir alle Bereiche unseres Lebens mit Leichtigkeit, Fülle, Ganzheit und Verbundenheit mit allem, was ist, neu erleben.

Schrieben wir den fünf Säulen der Identität neue, ganzheitliche Impulse zu, so könnten diese lauten:

- Körper & Gesundheit: *„Ich fühle mich wohl in meinem Körper!"*
- Soziales Netzwerk: *„Ich bin immer mit meinen Herzensmenschen verbunden."*
- Arbeit & Leistung: *„Ich kann arbeiten, wann immer ich will! Meine Arbeit erfüllt mich!"*
- Materielle Sicherheit: *„Es ist immer für alles gesorgt!"*
- Werte & Ideale: *„Wir sind eins mit unserer Umwelt und mit allem, was ist. Wir leben in Liebe, Verbundenheit, Ganzheit und Fülle."*

Lassen wir uns ein auf ein neues Abenteuer! Es gibt keinen Grund, Angst vor Veränderung zu haben, denn Angst ist nur einen Atemzug von Liebe entfernt.

„Der Planet braucht keine erfolgreichen Menschen mehr.
Der Planet braucht dringend Friedensstifter, Heiler,
Erneuerer, Geschichtenerzähler und Liebende aller Art!"
(Dalai Lama)

Im Folgenden werden die fünf Identitätssäulen zunächst in ihrer ursprünglichen Bedeutung nach Petzold erläutert. Anschließend schreibe ich den fünf Lebensbereichen – zugegebenermaßen etwas provokant und in zugespitzter Manier – gewohnte Lebensweisen, gängige Wertvorstellungen, bisherige Identifikationsversuche und allseits beliebte Egospielchen zu.

Unter dem Titel „NEU LEBEN – JETZT!" bekommen wir ein Bild davon, wie erfüllend, beschwingt und einfach das Leben sein kann. Wir finden und erfinden uns in allen Lebensbereichen neu. Und wenn uns *Mister Ego* wieder mal dazwischenfunkt, indem er verzweifelt versucht, unser neu gewonnenes Vertrauen zum Wanken zu bringen, entscheiden wir uns in einem bewussten Moment wieder für die Leichtigkeit, indem wir tief ein- und wieder ausatmen.

Körper & Gesundheit

In der ersten Säule der Identität fasst Petzold alles zusammen, was in den Bereich der Körperlichkeit im weitesten Sinne fällt. Dazu zählt der Körper in seiner ersten Bedeutung als Gefäß (in dem wir leben), in weiterer Folge unsere Beweglichkeit, unsere körperliche und seelische Gesundheit, Fitness und Kondition, unser Wohlbefinden, unsere Sexualität, unsere Belastungsfähigkeit, unsere Psyche und unser Gefühlsleben, unser Verlangen und unser Lustempfinden, unsere Sehnsüchte, Glaubenssysteme und Träume. In diesen Bereich fällt unsere Gesundheit wie unser Kranksein, unsere Leistungsfähigkeit, unser Aussehen und unsere Ausstrahlung. Das Gefühl, ob wir uns in unserer Haut wohl oder unwohl fühlen, zählt ebenso zur Säule der Körperlichkeit. Aber auch die Art, wie wir von anderen in unserer Körperlichkeit wahrgenommen werden, ob uns unser Gegenüber als attraktiv empfindet oder ablehnt, als gesund und vital oder als unsportlich und träge betrachtet, all das wird diesem Bereich zugeschrieben.[4]

Psyche:

Unsere Psyche leidet sehr unter dem Leistungsdruck der schnelllebigen Zeit, den beruflichen Anforderungen, ungelösten Beziehungsproblemen und „Altlasten" aus der Kindheit. Wir füllen unsere „Lacks" an Liebe und Selbstvertrauen mit materiellen Dingen, unbefriedigenden und kurzlebigen Beziehungen, erliegen der sogenannten „Wahrheit“ der Massenmedien und dröhnen uns mit diversen Suchtmitteln zu, um uns nicht länger spüren zu müssen. Wir machen alle anderen für unser Unglück verantwortlich außer uns selbst. Für das nötige psychische Gleichgewicht gibt es Psychopharmaka vom Psychiater und dem Psychotherapeuten unseres Vertrauens, der uns mithilfe von Meditationstechniken, Fragestellungen und psychologischer Hausaufgaben bei unserer Suche nach dem inneren Glück, der Selbstliebe und der bedingungslosen Liebe unterstützt.

Körper / Sport:
Sportliche Wettkämpfe fördern unser Selbstbewusstsein, wir wollen gewinnen, stärker, schneller und kräftiger sein als andere. Große Sportveranstaltungen (insbesondere Fußballmatches) zählen wohl zu den größten gesellschaftlichen Ereignissen überhaupt. Oft geht es uns bei der körperlichen Betätigung in erster Linie gar nicht darum, unseren Körper fit zu halten, ihm Gutes zu tun, ihm genügend Sauerstoff an der frischen Luft zuzuführen, unsere Muskeln zu kräftigen oder unsere Bänder zu dehnen. Irgendwann scheint es uns wichtiger zu sein, als erster den Gipfel zu stürmen, eine Hundertstelsekunde schneller über die Ziellinie zu laufen oder in irgendeiner anderen Form als Gewinner dazustehen. Wir bemerken nicht, dass wir uns im Wettkampf mit uns selbst befinden.

Seele / Selbstliebe:
Komischerweise bringen wir unser Auto zum Service, polieren akribisch an dessen Cockpit herum und sorgen in der kälteren Jahreszeit für einen guten Unterbodenschutz.

Wir selbst putzen uns offenbar nur dann heraus, wenn uns ein spezielles Event bevorsteht, und sorgen nur selten für eigene Streicheleinheiten. Unserem eigenen „Unterbodenschutz" – hier als Metapher für Immunabwehr zu sehen – schreiben wir nur wenig Bedeutung zu. Gesunde Ernährung und ausreichend Bewegung verschieben wir auf später. Wir verlieren uns in Ausreden, sind uns nichts wert und nehmen uns in unserem Körper gar nicht mehr wahr. Wir glauben, dass wir dem Schönheitsideal, das uns die Werbung jeden Tag so schön unter die Nase reibt, sowieso nie entsprechen werden.
Also was soll's? Vergebliche Liebesmüh' ...

NEU LEBEN – JETZT!
Wir kümmern uns sehr gut um unseren Körper, da er uns auf dieser Welt als wertvolles „Gefäß" dient. Wir alle sind von Grund auf liebevolle und liebenswerte Wesen. Wir pflegen und hegen unseren Körper, damit er uns als unser Vehikel gut und lange durch unser Leben führt. Es macht uns Freude, uns zu bewegen, da wir dabei so wundervoll unseren Gedanken freien Lauf lassen können und *Mister Ego* einmal eine Pause gönnen. Wir genießen die Kraft des Augenblicks. Wir finden eine oder mehrere Sportarten, die zu uns passen, die wir alleine oder in einer Gruppe von mehreren Personen ausführen. Ziel Nummer eins muss nicht länger der Wettbewerb sein. Wir zwingen uns nicht länger, Sport zu betreiben, sondern entscheiden uns – ohne dass uns das schlechte Gewissen plagt – zu pausieren, ein gutes Buch zu lesen, zu meditieren, Musik zu hören oder für einen gemütlichen Spaziergang an der frischen Luft. Wir haben gelernt, auf unsere innere Stimme zu hören, die uns zum richtigen Zeitpunkt genau sagt, was

das Beste für uns ist. Denn die Antwort liegt immer im Fragenden selbst, also in uns. Unser Geist beruhigt sich, unser Denken und unsere Emotionen beherrschen uns nicht länger. Den inneren Kritiker, der an unserem Aussehen immer etwas zu nörgeln hat, haben wir fast gänzlich zum Schweigen gebracht. Wir sind ganz überrascht, dass wir uns schön finden, so wie wir sind, ohne uns ständig mit anderen vergleichen zu müssen.

Größere sportliche Ereignisse haben durchaus ihre Berechtigung. Aber sie gehen gewaltlos über die Bühne, weil wir gelernt haben, uns den nötigen Respekt zu erweisen, Geduld zu haben und die Sache an sich zu genießen. Wir haben Zeit. Hektik gehört nicht mehr zu unserem Vokabular. Ein friedliches Miteinander ist möglich, da das gemeinsame Interesse an ein und derselben Sache verbindet.

Wir ernähren uns gesund, was nicht heißt, dass wir alle zu Veganern werden. Wir haben es Gott sei Dank verlernt, Kalorien zu zählen, und führen unserem Körper ausschließlich hochwertige und regionale Lebensmittel zu. Allein die Tatsache, dass wir Nahrung nicht mehr bewerten (zu fett, zu süß, zu reich an Kohlehydraten, zu üppig, zu viel Fleisch) und uns für das Nahrungsmittel entscheiden, nach dem unser Körper im Moment verlangt, macht dem Begriff „bewusste Ernährung" alle Ehre. Wir haben ein gutes Körperbewusstsein entwickelt und strahlen eine große Portion Selbstliebe aus, mit der wir unser Umfeld anstecken.

Soziales Netzwerk

Unser soziales Netzwerk kann Petzold zufolge sehr weit gespannt sein und weit über Familie, Partnerschaft und Ehe, Freundeskreis und Kollegen am Arbeitsplatz hinausgehen. Auch Sportvereine und andere Interessengemeinschaften und dergleichen fallen in diesen Bereich. Persönlichkeit und Identität werden nachhaltig von unseren sozialen Beziehungen bestimmt, also den Menschen, die für uns wichtig sind, mit denen wir zusammenleben und arbeiten, auf die wir uns verlassen können und die uns etwas bedeuten. Auch Menschen, denen wir nicht so nahe stehen oder die uns nicht so wohlgesonnen sind, zählen zu unserem sozialen Netzwerk. Von ihnen können wir offenbar am meisten lernen, da sie uns unsere Schattenseiten und Fehler widerspiegeln. Wir Menschen sind soziale Wesen und können uns nur in sozialen Systemen weiterentwickeln. Wir lernen, trainieren und testen unsere Verhaltensweisen insbesondere durch Interaktion mit unserem Gegenüber. Gerade in Zeiten der durch äußere Umstände bedingten „Abschottung“ tritt das zu Tage, was uns Menschen ausmacht: nämlich die Liebe zueinander und das Miteinander. Ein „Getrenntsein“ von unserem sozialen Leben führt zu einem Ursprungsempfinden des Menschseins: der tiefen Sehnsucht nach Zusammensein. Und doch macht es durchaus Sinn, dass manche Mitmenschen nur für eine gewisse Zeit unseren Weg kreuzen. Sie sind eben nur für eine bestimmte unserer vielen Lebensphasen wichtig, in der sie unsere soziale, seelische oder berufliche Entwicklung sehr fördern.[4]

Aus dem Gefühl einer sozialen Verpflichtung heraus – ein Widerspruch an sich – treffen wir uns mit Bekannten, Familienmitgliedern oder Freunden. Manchmal – so müssen wir uns eingestehen – wollen wir diese Menschen im Grunde unseres Herzens gar nicht sehen, und doch handeln wir unserem Gefühl zuwider. Wie oft haben wir uns vorgenommen, Arbeit und Privates zu trennen, willigen dann aber doch ein, wenn uns die Arbeitskollegin auf eine Party einlädt? Wir befürchten, dass Verwandte, Freunde oder die sogenannten „Aus-den-Augen-Verlorenen“ böse sein könnten, wenn wir vereinbarte Verabredungen absagen. Das Skurrile daran ist jedoch, dass sie selbst nicht selten auch nur aus Höflichkeit handeln. So viele Umarmungen, die nicht ernst gemeint sind, gespielt freundliche Begrüßungen, um die Etikette zu wahren, ein Küsschen da, ein Küsschen dort – das ist wohl keine ernst gemeinte Nähe.

Wir sind soziale Wesen, die Meinung unserer Angehörigen und Freunde ist uns wichtig, wir lieben es, in Gesellschaft zu sein, der gegenseitige Austausch tut schon manchmal gut. Doch nehmen wir viel zu oft in Kauf, uns für andere zu verstellen, wir schauspielern, um dazuzugehören, und definieren uns über unseren Freundeskreis. Dabei entfernen wir uns immer mehr von uns selbst. Und das kann sehr anstrengend und sehr unbefriedigend sein.

NEU LEBEN – JETZT!

Wie so oft im Leben geht es nicht um Quantität, sondern um Qualität. Auf der Gästeliste unseres Herzens stehen die Menschen, die auf unserer Wellenlänge schwimmen, die uns auch ohne Maskerade lieben und denen wir nicht erst beschreiben müssen, wie es uns geht, weil sie es ganz einfach spüren. Wir haben nicht mehr länger den Drang, überall dabei sein zu müssen, kein soziales Happening verpassen zu dürfen, aus Angst, nicht mehr dazuzugehören.

Umarmungen und Gesten der Wertschätzung sind etwas sehr Schönes. Wahrhafte Liebe braucht jedoch keine Umarmungen. Dass diese Aussage polarisiert, ist mir bewusst.

Doch wir brauchen kein äußeres Ritual, um Menschen unsere Liebe auszudrücken. Wir sind stets miteinander verbunden, und das ist gerade aktuell sehr gut spürbar. Dass wir nur mehr mit den Menschen Kontakt haben, die wir auch wirklich jederzeit in unser Herz reinlassen würden, scheint jedoch für *Mister Ego* unmöglich und nicht umsetzbar. Er überlegt sich sofort Strategien, wie wir diesen Leuten, die nicht mehr ganz so in unser Leben zu passen scheinen, „alles schonend beibringen", und erfindet Ausreden, um vereinbarte Treffen abzusagen. Doch indem wir uns von allen Gedanken und Gefühlen in Bezug auf diejenigen Menschen, mit denen wir weder physisch noch verbal oder virtuell in Kontakt stehen möchten, verabschieden, folgen wir unserer inneren Wahrheit und handeln authentisch. Frei nach dem Motto *„aus den Augen, aus dem Sinn"* heißt es dann, den einen oder anderen Menschen loszulassen. Bekanntschaften fallen weg, Freundschaften verändern sich, flüchtige Kontakte erübrigen sich. Und plötzlich bewegen wir uns energetisch sowieso nur mehr im Kreis der Menschen, die ähnlich schwingen wie wir. Wir trauern der Vergangenheit nicht nach, weil alles seine Zeit und seine Berechtigung hat. Natürlich melden wir uns auch bei Menschen, die wir lange nicht mehr gesehen haben, aber nur dann, wenn es uns wirklich ein Herzenswunsch ist, zu erfahren wie es ihnen geht. Wie gesagt: Qualität steht über Quantität. Mit unseren Herzensmenschen stehen wir energetisch immer in Verbindung.

Vielleicht steht das digitale Netz sogar symbolisch für unsere Verbundenheit miteinander. Die Vernetzung durch das Internet und die digitale Welt ermöglichen uns in all ihren Ausmaßen auf wunderbare Art und Weise soziale

Kommunikation, die wir in Zukunft beruflich und privat noch mehr nützen und ausbauen werden. Wir haben die Möglichkeit, uns jederzeit miteinander zu verbinden, wir sind vernetzt. Nicht nur, dass wir Menschen miteinander verbunden sind, wir stellen auch das Verbindungsstück zwischen dem Oben und dem Unten dar, wir bilden sozusagen die Brücke zwischen Himmel und Erde. Würden wir eine Linie von oben durch unseren Kopf, unser Kronenchakra, hinunter in die Erde ziehen, eine Art Lichtstrahl, der uns durchströmt, bekäme auch der Begriff *on-line* sein eine ganz neue Bedeutung.

Arbeit & Leistungsfähigkeit

Unserem Beruf, bestenfalls dem, wozu wir uns berufen fühlen, unserer Arbeit, mit der wir uns identifizieren und mit der uns andere identifizieren, und allem, was mit „Tätig-Sein" im weitesten Sinne zu tun hat, schreibt Petzold diese dritte Säule der Identität zu. Wichtig ist hier, dass der Begriff „Tätig-Sein" ganz allgemein zu verstehen ist, denn auch Erwerbslose, Pensionisten und invalide, berufsunfähige Personen haben sehr wohl die Chance, tätig zu sein oder zu werden. Arbeitsleistungen, Arbeitszufriedenheit, Erfolgserlebnisse, Freude an der erbrachten Leistung, Stolz oder aber Arbeitsüberlastung, Überforderung und unbeliebte Arbeitsbereiche und Aufgaben bestimmen unsere Identität. Lernen sich zwei Menschen kennen, folgt auf *„Wie heißt Du?"* unmittelbar die Frage *„Was machst Du?"*, die unmissverständlich auf den Beruf abzielt, was wohl – zumindest in der westlichen Zivilisation – die Dominanz der dritten Säule der Identität verdeutlicht.[4]

Über keinen anderen Bereich des Lebens definieren die meisten von uns ihre Identität mehr als über ihren Beruf.

Beruflicher Erfolg und Wohlstand führen zu Prestige und Ansehen in der Gesellschaft, zu Anerkennung im privaten Kreis. Erfolgserlebnisse im Berufsleben tragen zu unserem Selbstbewusstsein bei und machen uns eine Zeit lang glücklich. Eine gute berufliche Situierung kann dabei auch ohne großartige Leistung, anspruchsvolle Ausbildung oder herausragendes Know-how erworben werden. Vorteilhafte Beziehungen, eine gute finanzielle Ausgangsposition oder materielle Mittel edler Gönner können diese auch begründen. Schließlich definiert jeder Erfolg auf seine Weise.

Woher rührt es, dass viele von uns ihrer Leistungsfähigkeit, ihrem beruflichen Erfolg und ihrem gesellschaftlichen Status einen dermaßen hohen Stellenwert im Leben zumessen?

Die Dominanz der Massenmedien, die uns jeden Tag erfolgreich vorführen, dass Attribute wie reich und vermögend in unserer Gesellschaft mindestens genauso wichtig sind wie fit und gesund, schlank und attraktiv, ist an dieser Stelle sicherlich nicht zu unterschätzen.

Doch zudem möchte ich – angeregt durch ein YouTube-Video von Silke Schäfer, meiner Lieblingspsychologin – einen Blick ganz weit zurück werfen: Unser Leistungsdenken nimmt genau genommen seinen Ursprung gegen Ende der Eiszeit, als wir uns entschieden haben, sesshaft zu werden. *„Das ist meins! Und das ist deins!“* war hier der Grundgedanke. Dieses Haben und Nicht-Haben und die Ansicht, dass ich stärker sein muss als du, damit ich überlebe, beherrscht uns teilweise bis heute. In Schulen wird heute noch die Evolutionstheorie von Charles Darwin unterrichtet, der zufolge nur die am besten angepassten Individuen überleben. Das komplexere System ist dem einfacheren überlegen. Was im Tierreich seine Gültigkeit hat, ist für uns Menschen zum Credo geworden. Dieses *survival of the fittest* scheint noch heute in unserem Unterbewusstsein tief verwurzelt zu sein. Davon zeugen die heutigen Hierarchiestufen, die in uns den Eindruck erwecken, dass nur der Fitteste, der Schnellste, der Stärkste und der Klügste in den Chefetagen sitzt. Wir sollten uns die Frage stellen, ob wir uns anpassen wollen an diese Ellenbogengesellschaft, an eine Außenwelt, die von Leistung und Erfolg geprägt ist und die uns aufoktroyiert, Entwicklung bestehe einzig und allein darin, immer erfolgreicher, besser und stärker als die anderen zu sein.[5]

Wir leben in einer Berufswelt, die von Leistungsdruck und Profitgier charakterisiert wird. Wir bewegen uns in einer Wettbewerbsgesellschaft, die uns im Hamsterrad der Betriebsamkeit gefangen hält. Als absurde Idee der Konsumgesellschaft sind wir zu Marionetten der Wirtschaft geworden. Zeitdruck, Personalmangel, der Chef, der uns mit neuer Arbeit beauftragt noch bevor vorangegangene Projekte fertiggestellt sind, all das sind Umstände, die uns überfordern, die Kraft rauben und die uns vergessen lassen, was uns insbesondere im Berufsleben Freude bereiten könnte.

Schon längst ist von *Work-Life-Balance* keine Rede mehr, wir übersehen die unermüdlichen Warnsignale unseres Körpers und unserer Seele. Körperlich kann sich dies beispielsweise in Form eines Tinnitus abzeichnen, auf psychischer Ebene sind Depression und Burnout nicht selten die Folge. Wollen wir auch weiterhin unserem Leistungs- und Erfolgsdenken, dem Wunsch nach Ansehen und Prestige und all dem, was *Mister Ego* unermüdlich von uns fordert, die Macht über unsere körperliche und seelische Gesundheit geben?

NEU LEBEN – JETZT!
Wir erbringen unsere Leistung nicht mehr aus reinem Pflichtgefühl oder dem Bedürfnis nach Anerkennung – beides gründet auf Angst –, sondern folgen unserer Intuition, der die Liebe zugrunde liegt. Das ist ein sehr großer Unterschied. In einem neuen Modell auf Basis eines bedingungslosen Grundeinkommens, das im folgenden Kapitel thematisiert wird, arbeiten wir wann und so viel wir wollen, auf freiwilliger Basis. Unser Beruf ist unsere Berufung. Wir sind gut in dem, was wir tun, weil wir es lieben. Leistungsdruck, Stress und Existenzängste gehören zum Vokabular der Vergangenheit. Wir schaffen uns regelmäßige Auszeiten. Wir verstehen zum ersten Mal, was mit dem Begriff der *Work-Life-Balance* wirklich gemeint ist.

Wir definieren uns nicht mehr länger über unseren Titel, unsere Professionalität, über ein *„Was mache ich?"*, sondern vielmehr über ein *„Wer bin ich?"*. Und dieses Sein, diese neue Identität kann unabhängig von den einzelnen Lebensbereichen betrachtet werden.

Auf der materiell-physischen Ebene hat ein Umdenken hin zu einem Qualitätsbewusstsein stattgefunden: Wir besinnen uns darauf, was unser „Job" ist, was unser Menschsein wirklich ausmacht und darin liegt eine unglaubliche Chance. Wir werden in unserer Kreativität gefördert und blicken über den Tellerrand hinaus. Was macht uns Spaß? Was wollten wir immer schon einmal wagen? Worin sind wir gut? Wofür brennen wir?

Auch unser Konsumverhalten hat sich maßgeblich verändert. Nachhaltigkeit wird sowohl in der Produktion der Lebensmittel als auch im Einkauf groß geschrieben. Regionalität rückt an erste Stelle und beste Qualität ist gerade gut genug für uns. Auch der Staat stellt auf regionale Produktion um, der Import aus anderen Ländern wird minimiert.

Ein weiterer Wertewandel wird sichtbar, wenn Konkurrenz abgelöst wird durch Kooperation: Das Einzelkämpfertum von Arbeitgebern und Angestellten, Firmen und Betrieben hat ausgedient. Preisdumping und Pyramidensysteme machen Platz für fairen Wettbewerb und flache Hierarchien. Vorgesetzte bieten ihren Mitarbeitern Raum für gegenseitigen Austausch als Bestandteil der regulären Arbeitszeit. Mitspracherecht und Teamgeist werden großgeschrieben.

Materielle Sicherheit

Die Identität wird laut Petzold des Weiteren beeinflusst von materiellen Sicherheiten wie Einkommen, Geld, materiellen Bedürfnissen wie Nahrung, Kleidung, Lebensbedarf, Weiterbildungsmöglichkeiten, den Dingen, die wir besitzen wie einem Dach über dem Kopf, einer Wohnung oder einem Haus, ein Auto usw. Aber auch der ökologische Raum, dem wir uns zugehörig fühlen, der Stadtteil oder das Dorf, in dem wir uns beheimatet fühlen, zählen wir im weiteren Sinn zur Säule der materiellen Sicherheit. Fehlende materielle Sicherheit belastet das Identitätserleben sehr schwer.[4]

Wer kennt sie nicht? Die Existenzangst. Aus dem Bewusstsein des Mangels heraus, das dem Gefühl entspricht, nie genug zu haben, entspringt diese weit verbreitete Grundangst des Menschen. Doch Angst erzeugt Angst. Ein überzogenes Sicherheitsbedürfnis ist nicht selten Auslöser einer regelrechten Panik, einmal nicht mehr genug Geld zu besitzen.

Die Ironie dabei ist, dass diejenigen, die am meisten Kontrolle und Sicherheit haben wollen, diejenigen sind, die am stärksten in der Angst verwurzelt sind. Kontrolle resultiert aus Angst. Wohl situierte und gut verdienende Menschen horten ihr Vermögen unermüdlich, aus Angst, es zu verlieren. Der Spruch aus dem Volksmund *„Nur der Reiche kennt den Geiz!"* rührt wohl nicht von irgendwoher. Finanziell abgesichert zu sein, ist zweifelsohne ein gutes Gefühl und ermöglicht uns, uns selbst und die Welt zu entdecken. Wir sind nicht nur imstande, unsere Grundbedürfnisse zu stillen, uns hübsch zu kleiden, uns mit materiellen Gütern eine Freude zu bereiten, wir haben auch die Chance, in einem schönen Umfeld (Wohnung, Haus) zu leben, uns weiterzubilden, zu verreisen.

Und doch ist die Sehnsucht vieler von uns größer, sie wollen mehr als nur materiell abgesichert zu sein. Das Gefühl, nie genug zu haben, zeichnet sich in unserem Lebensstandard ab, der in manchen Fällen Ausmaße annimmt, dass er an Domizile mancher Hollywoodgrößen erinnert: Wenn ein Haus, ein Garten, ein Pool, das teuerste Auto und vielleicht noch eine Ferienwohnung am Gardasee Bestandteile des erwünschten Lebensstils sind und das Budget zwei bis drei Urlaube im Jahr nach Übersee zulassen soll, werden Glückserlebnisse immer kurzlebiger. Die Wege zu wahrer Zufriedenheit laufen Gefahr, im Luxusnebel zu verschwinden.

NEU LEBEN – JETZT!

Insbesondere auf materieller Ebene oder – umfassender ausgedrückt – immer dann, wenn wir etwas haben wollen, kommt dem Gesetz der Anziehung, das bereits zur Sprache kam, erneut Bedeutung zu. Gleiches zieht Gleiches an.

Demnach kann auch nur zu mir zurückkommen, was ich aussende. Der Prozess des Gebens und des Empfangens ist seit jeher ein entscheidender Teil des Reichtums der Natur. Wollen wir Freude erfahren, erfreuen wir einfach andere, sehnen wir uns nach Liebe, schenken wir Liebe, wollen wir materiell reich sein, helfen wir anderen erfolgreich zu sein.

Doch auch das Gesetz der Anziehung ist auf der Bewusstseinsebene der Ganzheit neu zu verstehen. An dieser Stelle möchte ich aus dem Wortschatz des spirituellen Buchautors Deepak Chopra schöpfen: Jede materielle Schöpfung kommt aus ein und derselben Quelle. Wenn wir uns auf das Universum, Gott oder eine höhere Macht beziehen, ist diese unendliche Quelle ein einheitliches Feld, unter dem alles jenseits unseres Verstandes und der Wahrnehmung unserer fünf Sinne zu verstehen ist. Der Schlüssel zu einem reichen Leben ist es, die Idee anzunehmen, dass nichts als unendliche Fülle aus diesem einheitlichen Energiefeld kommt, das alles bereitstellt und nur auf unsere Kreativität wartet, es auch anzunehmen. Alles ist vorhanden! Indem wir auf jeden einschränkenden Gedanken verzichten, der uns am Glauben hindert, und unsere Herzen stattdessen für die Tatsache öffnen, dass alles bereits da ist und uns alles zur Verfügung steht, was wir uns für unser Leben wirklich wünschen, sind wir im Bewusstsein der Fülle. Alle Fülle kann anstrengungslos zu uns fließen. Um das zu bekommen, was wir wollen, ist es am einfachsten, in den Strom der Fülle zu tauchen und mitzuschwimmen. So verhält es sich sowohl mit nichtmateriellen Wünschen (Liebe, Geborgenheit, Freunde, Freude) als auch mit dem Wunsch nach Geld und jedem anderen materiellen Wunsch. Wir lassen Geld ganz natürlich

„fließen", ohne uns bei jeder Ausgabe selbst anzuklagen oder jeden Cent zweimal umzudrehen. Mit einer ganz natürlichen Selbstverständlichkeit geben wir Geld aus, denn nur so kann es auch wieder zu uns zurückfließen. In dem Verständnis, dass unbegrenzte Fülle bereits in unserem Leben und um uns existiert, erfordert es nur mehr unsere bewusste und klare Absicht, sie in Stille einzuladen. Indem wir also annehmen, alles sei bereits da oder bereits geschehen, indem wir uns unsere Wünsche in unseren Gedanken wiederholt bildlich ausmalen und dabei auch unsere Gefühle intensiv wahrnehmen, kann uns alles erreichen. Das universelle Gut steht uns immer zu unserem eigenen und zum Wohle aller zur Verfügung![6]

In Anbetracht dessen haben wir schließlich eine andere Vorstellung von materieller Sicherheit gewonnen und erfahren, dass es sich leichter und erfüllter leben lässt, ohne den ständigen Gedanken im Hinterkopf, Geld verdienen zu müssen. Existenzängste gehören der Vergangenheit an, Vertrauen breitet sich auch hinsichtlich unserer Grundbedürfnisse und aller materieller Sicherheiten aus, denn wir wissen: In der Bewusstheit der Fülle steht uns einfach immer genug an finanziellen Mitteln und Sachmitteln zur Verfügung. Für alles ist gesorgt!

Es hat fast den Anschein, als würde sich gegenwärtig alles, was sich die Menschheit schon lange im Geiste vorgestellt und sich im kollektiven Bewusstsein kreiert hat, manifestieren. Geben wir der Säule der materiellen Sicherheit nun ein konkretes Gesicht:

Das gesamte Finanz- und Wirtschaftssystem befindet sich bereits im Umbruch. Eine mögliche Geldentwertung aufgrund eines völligen Kollabierens des alten Finanzsystems macht langsam einem transparenten und nicht zentral gesteuerten System Platz. Ein bedingungsloses Grundeinkommen kann – laut bereits veröffentlichter Verfahrenseinleitung zum diesbezüglichen Volksbegehren – nicht nur aus Perspektive des Einzelnen, der mutig sein individuelles Leben neu gestalten kann, sondern auch auf gesellschaftlicher Ebene als durchaus passende Reaktion auf die Veränderungen der Gegenwart gesehen werden. Jeder Mensch hat auf diese Weise die Möglichkeit, frei von Existenzsorgen diejenigen Arbeiten zu übernehmen, die er im sozialen Bereich, in Wissenschaft und Bildung, auf dem Sektor der Kunst, der Umwelt, der Gesundheit, der Erziehung und der Kultur selbst für sinnvoll hält. Verhärtete Strukturen können auf diese Weise aufgeweicht und Menschen in solidarischem Handeln einander näher gebracht werden. Nicht zuletzt auf bürokratischer Ebene bringt das bedingungslose Grundeinkommen viele Vereinfachungen und Einsparungen mit sich.[7]

Vieles wird einfacher. Vieles nimmt seine ursprüngliche Form an. Menschen entscheiden sich bereits vermehrt dazu, ihr Geld in Edelmetalle wie Gold zu investieren, anstatt ihr Vermögen den Banken als Wertpapieranlagen oder als zeitlich gebundene Kapitalanlagen zur Verfügung zu stellen.

Es scheint nicht weit hergeholt, dass auch der Tauschhandel wieder an Bedeutung gewinnt. Ganz lapidar ausgedrückt: Wir tauschen beim Bauern ein paar Kartoffeln gegen ein gutes Buch, die Nachbarin schneidet uns die Haare und erhält im Gegenzug ein gutes Parfum. Erscheint uns das als völlig weltfremd oder können wir es nicht mehr erwarten, von dieser gänzlich neuen Lebenserfahrung zu kosten?

Werte & Ideale

Moral, Ethik, Religion, Liebe, Hoffnung, Traditionen, Glauben, gesellschaftliche und persönliche Sinnfragen, persönliche Werte und Normen bilden schließlich die fünfte Säule, welche in Petzolds Modell unsere Identität trägt. Gemeint ist in diesem Zusammenhang all das, was wir als richtig oder falsch empfinden, von dem wir überzeugt sind, wofür wir eintreten und von dem wir glauben, dass es auch für andere Menschen wichtig ist. Dazu zählen sowohl religiöse als auch politische Überzeugungen, unsere persönliche Lebensphilosophie oder andere als wichtig erachtete Grundprinzipien.[4]

Die deutsche Psychologin und Psychotherapeutin Dr. Doris Wolf betrachtet persönliche Werte als grundlegend positive Eigenschaften und Ideale, nach denen wir handeln. Werte sind Wegweiser auf unserem Lebensweg, die uns aufzeigen, wofür wir unsere Zeit und Energie investieren. Das Handeln nach unseren Wertvorstellungen unterstützt uns dabei, uns in der Gesellschaft bzw. in unseren Berufsgruppen zu integrieren, denn unterschiedliche Gruppen leben nach unterschiedlichen Werten. Die Liste der Wertvorstellungen und Ideale ist lang und kann beliebig erweitert werden. Unsere Werte sind für uns nicht in Stein gemeißelt. Je nach Lebensalter, Lebensabschnitt oder gemachten Erfahrungen sind unsere Wertvorstellungen natürlich einem ständigen Wandel unterzogen beziehungsweise verlagern sich oder treten in Konkurrenz zueinander auf. So wollen wir beispielsweise beruflich Karriere machen, möchten aber gleichzeitig unsere pflegebedürftigen Eltern unterstützen. Mal legen wir mehr Wert darauf, unseren Freundeskreis zu pflegen, fühlen wir uns körperlich angeschlagen, wird wohl Gesundheit im Vordergrund stehen. Oft wird uns erst durch starke Veränderungen oder einen Verlust bewusst, welche Wertigkeit etwas hat.[8]

Ein kleines Werte-ABC:

A wie Anerkennung, Arbeit, Attraktivität und Authentizität
B wie Bewusstheit und Beziehungen
D wie Dankbarkeit, Disziplin und Demut
E wie Ehrlichkeit, Ehrgeiz, Erfolg und Empathie
F wie Familie, Freiheit, Freude, Freundschaft, Fülle und Frieden
G wie Ganzheit, Geborgenheit, Gemeinschaft, Gelassenheit, Genauigkeit, Gesundheit, Genuss, Glück und Großzügigkeit
H wie Harmonie, Heilung und Humor
I wie Intimität, Integrität, Intelligenz und Intuition
K wie Kompetenz, Kreativität und Kollegialität
L wie Lebensfreude, Lebensstandard, Leichtigkeit, Leidenschaft, Leistung, Liebe, Lust und Luxus
M wie Macht, Meditation, Mitgefühl, Moral und Mut
N wie Nächstenliebe, Natürlichkeit und Naturverbundenheit
O wie Offenheit, Optimismus und Ordnungssinn
P wie Partnerschaft, Fantasie und Präzision
Q wie Qualitätsbewusstsein
R wie Reichtum, Reife, Risikobereitschaft, Romantik und Ruhe
S wie Selbstständigkeit, Selbstbestimmung, Selbsterkenntnis, Selbstlosigkeit, Sex, Sicherheit, Solidarität, Sparsamkeit, Spaß und Spontaneität
T wie Toleranz und Treue
U wie Unabhängigkeit

V wie Verbundenheit, Verantwortlichkeit und Vertrauen
W wie Wahrheit, Weisheit, Wertschätzung, Wissen, Wohlbefinden, Wohlstand und Weiterentwicklung
Z wie Zielstrebigkeit, Zufriedenheit, Zuneigung und Zuversicht

Leider hat es zu oft den Anschein, als strebten wir nur all jene Werte an, die uns die Gesellschaft vorschreibt, die uns vom Elternhaus im Rahmen unserer Erziehung antrainiert und die uns später über den schulischen Unterricht und Aus- und Weiterbildungen vermittelt wurden. Der Großteil der von uns gelebten Werte stammt aus religiösen Überzeugungen, festgelegten Verhaltensnormen und ist Teil von Werte-Konstrukten, die uns von außen aufoktroyiert werden.

Wir sind permanent damit beschäftigt, Werte und Zuschreibungen aus allen fünf Säulen der Identität umzusetzen und uns daran zu orientieren, fühlen uns dabei aber meist nicht besonders wohl. Werte, die wir aus dem Bereich der physischen und psychischen Körperlichkeit anstreben, sind beispielsweise Gesundheit, Attraktivität und innerer Frieden. Unser soziales Netzwerk soll uns idealerweise Freude, Geborgenheit, Zusammenhalt, Verständnis und Akzeptanz vermitteln, aus der Säule der Arbeit & Leistungsfähigkeit wünschen wir uns Erfolg, Ehrgeiz, Ansehen, Kompetenz und Kollegialität, und wenn es um den Bereich der materiellen Sicherheit geht, entspricht Reichtum und ein möglichst hoher Lebensstandard meist unserer Idealvorstellung. Es erscheint uns jedoch als mühsam und anstrengend, diese Werte umzusetzen, da sie nicht unserer inneren Wahrheit entsprechen. Ängste und negative Gefühle sind ein Indiz dafür, dass wir nicht authentisch handeln, sondern aus einem Bedürfnis heraus.

Die derzeitige Entwicklung ist es, die uns nun vor Augen führt, wie stark sich unsere Glaubensmuster und unsere Vorstellung von gesellschaftlichen und persönlichen Idealen ändern können. Jetzt, da wir gezwungen sind, Werte, die für uns bislang an oberster Stelle standen, hintanzustellen, begreifen wir, wie beeinflussbar wir eigentlich sind. Wir sind von Angst behaftet, ein beliebtes Instrument der Kontrolle.

Folgende Werte unterliegen – in Silke Schäfers Worten – immer einer ÄUSSEREN MACHT und basieren zudem auf einem Bedürfnis:

- ANGST: *„Wenn ich den Kontakt zu XY nicht aufrecht erhalte, wird XY mich nicht mehr mögen."* (Bedürfnis nach Lob & Anerkennung)
- KONTROLLE: *„Wenn ich mich nicht anpasse, werde ich gekündigt."* (Angst als Instrument der Kontrolle)
- KONKURRENZ: *„Ich muss das Projekt schneller abschließen als mein Kollege."* (Erfolg, Gewinnstreben, Wettstreit)
- SPALTUNG / MANGELBEWUSSTSEIN: *„Mit meinem Aussehen werde ich nie einen Partner finden."* (Wunsch nach Geborgenheit) [5]

NEU LEBEN – JETZT!
Wir beginnen unser Wertesystem zu hinterfragen und wollen uns nicht länger kontrollieren lassen. In dem neuen und tiefen Bewusstsein, dass es so nicht weitergehen kann, richten wir unsere Wahrnehmung anders aus. Weit weg von all den Versuchen, unsere Identität in all den „äußeren" Lebensbereichen zu suchen, spüren wir bereits, dass unser tiefstes Inneres viele neue verborgene Werte und Ideale, Vorstellungen und Fantasien für uns bereithält. Jetzt heißt es, Innenschau zu halten und Bekanntschaft mit dem zu machen, was uns wirklich ausmacht. Welchen Werten folgen wir, wenn wir mit dem Herzen sehen?

Wir werden uns bewusst, dass das große, einheitliche Feld, das uns alle umgibt, uns bereits alles zur Verfügung stellt, was uns ausmacht. Und das ist nichts anderes als die LIEBE, die alles zusammenhält.

Wir gewinnen neue Vorstellungen von dem, was das Leben lebenswert macht. Dabei leben wir jetzt unsere Werte ganz spielerisch und mühelos, weil es uns Freude bereitet. Sie entspringen nun keinem Bedürfnis mehr, sondern vielmehr einer inneren Kraft.

Silke Schäfer spricht an dieser Stelle von Werten, die einer AUTHENTISCHEN MACHT entspringen:

- LIEBE: *„Ich melde mich bei XY, weil es mir ein Herzenswunsch ist."* (Authentizität)
- INNERE WEISHEIT: *„Ich spüre, was gut für mich ist."* (Intuition)
- KOOPERATION: *„Ich frage meinen Kollegen, ob wir gemeinsam an dem Projekt arbeiten. Uns beiden fällt*

die Arbeit dann sicher leichter.“ (Zusammenhalt, Leichtigkeit)

- VERBUNDENHEIT / GANZHEIT / FÜLLE : *„Ich finde den Partner, der genau zu mir passt, zum genau richtigen Zeitpunkt. Er liebt mich, wie ich bin!“* (Vertrauen)

ANGST ist ein Instrument der Kontrolle. Innere Weisheit ersetzt Kontrolle. Wann immer sich eine ÄUSSERE MACHT der Angst bedient, um uns zu kontrollieren, folgen wir unserer AUTHENTISCHEN MACHT, DER LIEBE! [5]

ANNA –
Der Kreis schließt sich

Anna ist schwanger. Im achten Monat. Heute fügt sie der Favoritenliste für Mädchennamen Lena hinzu. Das ruft in ihr plötzlich eine Freundin aus der Grundschule in Erinnerung, und sie fragt sich, was wohl aus ihr geworden sei. Alles, was sie weiß, ist, dass Lena seit ihrem Skiunfall nicht mehr in St. Gallen wohnt. Wohin sie gezogen ist, das hat Anna vergessen. Überhaupt vergisst sie in letzter Zeit sehr viel, eine Begleiterscheinung der Schwangerschaft, wie sie sich von Freundinnen, die bereits Mütter sind, hat sagen lassen. In letzter Zeit denkt Anna viel an alte Freunde und frühere Kollegen. Doch frei nach dem Motto „*aus den Augen, aus dem Sinn*" hat es sich auch zwischen Anna und Lena so zugetragen, dass sie sich anfangs noch öfter gesprochen oder geschrieben hatten, der Kontakt dann aber mehr und mehr verebbte, bis schließlich nicht einmal mehr die obligatorische Geburtstags-SMS kam. Doch heute gibt es keine faule Ausrede mehr, die Zeit ist reif und die Neugierde groß: Anna greift kurz entschlossen zu ihrem Handy, scrollt im Alphabet ihrer Telefonkontakte, und unter L findet sie *Lena von früher,* eine Festnetznummer. Die Verbindung steht …

Anna hofft, dass zumindest Lenas Eltern noch in dem Haus, das sie aus ihrer Kindheit kannte, wohnen würden. Es wäre ein Wunder, würden sie noch einen Festnetzanschluss haben. Anna stellt sich schon einmal darauf ein, einen Spaziergang zu machen, um Lenas Eltern persönlich um die aktuelle Telefonnummer der Freundin aus alten Zeiten zu bitten. Das Elternhaus, so schätzt Anna, liegt vielleicht eine gute halbe Stunde zu Fuß entfernt. Ach herrje, das ist ja gegenwärtig gar nicht möglich. Von einem Moment auf den anderen wird Anna bewusst, dass sie sogar die Quarantäne vergessen hat. Damals ist sie, egal bei welchem Wetter, immer mit dem Rad zu Lena gefahren. Des Öfteren blieb auch Lena bei ihr über Nacht, sie erzählten sich Gruselgeschichten und waren anschließend zu aufgeregt, um sofort einzuschlafen.

All diese Gedanken gehen Anna durch den Kopf, als sich unvermutet eine Frauenstimme mit „Lehmann" meldet und sie regelrecht erschrickt. Die Freude ist groß, als sich Anna vorstellt. Anna stellt erstaunt fest, dass Lenas Mutter die Freundschaft der beiden Mädchen noch detailgetreu vor Augen hat und Dinge weiß, an die sich Anna nicht mehr im Entferntesten erinnern kann – und das nicht aufgrund ihrer Schwangerschaft, so ist sie sich sicher. Apropos, auch über diese weiß Lenas Mutter zu Annas Verwunderung bereits Bescheid. Die „stille Post" funktioniert wohl auch tadellos bis in die weiter entfernte Nachbarschaft, Anna kann sich ein Kopfschütteln nicht verkneifen. Es kostet sie etwas Mühe, die redselige Frau Lehmann höflich zu unterbrechen, um endlich Lenas Nummer zu erfahren. Als ob sich diese ihrem Redebedürfnis gerade selbst gewahr wird, wendet Lenas Mutter schließlich ein: „Ach, wie rücksichtslos von mir, ich rede wie immer zu viel. Du wolltest ja eigentlich nur Lenas Nummer. Es macht mich einfach so glücklich, über diese Zeit zu sprechen, der Unfall hat einfach alles verändert. Aber das soll dir Lena – übrigens, sie nennt sich jetzt Madeleine – selbst erzählen."

Als sie das Gespräch beenden, muss Anna erst einmal die Informationsflut verdauen. Wie immer, wenn sie mit ihren

Gedanken allein auf der Welt zu sein scheint, streicht sie sich mit der flachen Hand über die Rundungen ihres Bauches. Das Baby schläft gerade, sie spürt keine Bewegung unter ihrer Bauchdecke. Anna spricht mit dem heranwachsenden Wunder unter ihrem Herzen: „Das kannst du dir gerne beibehalten, ein derartiger Redeschwall muss dich wirklich nicht aus der Ruhe bringen!"

Anna ist nun schon etwas schlauer und fasst alle Informationen über die verlorene Freundin im Kopf zusammen: Lena hat also das Sportgymnasium besucht und war drauf und dran, Profiskiläuferin zu werden. Im Alter von 15 Jahren hatte sie den Skiunfall, der schwerwiegender war, als Anna dachte. Sie ist in ein tiefes Loch gefallen. Fast zwei Jahre lang verbrachte die Arme nach der Operation an Hüfte und Bein in einer therapeutischen Einrichtung, weil zu ihrer körperlichen Einschränkung – die Ärzte waren gezwungen, ein Bein zu versteifen, um es zu retten – auch noch eine massive Essstörung hinzukam. Noch immer hört Anna das leichte Zittern in der Stimme von Lenas Mutter: „Lena hat das alles offenbar gut überwunden, sie ist heute ein anderer Mensch und hat an Stärke und Selbstbewusstsein gewonnen, doch sie hat sich leider entschieden, nach Paris zu ziehen. Sie führt dort als Madeleine ein neues und erfülltes Leben. Verheiratet ist sie nicht, doch unter uns gesagt, ich glaube, dass es da jemanden gibt."

Ok, das ist genug fürs Erste. Das Verhältnis zu ihren Eltern scheint nicht das Beste zu sein. Die Vorstellung einer magersüchtigen Lena will und will Anna so gar nicht in den Kopf. Ihre Freundin war immer ganz „normal" gebaut. Durch das Skifahren hätte sie doch sicher auch einen muskulösen und gut definierten Körper haben müssen. Anna nimmt ihr Handy, ändert den Namen in der Kontaktliste von *Lena von früher* auf *Lena@home* und speichert die aktuelle Handynummer mit der französischen Vorwahl unter *Madeleine/Paris* ab. Sie setzt sich erst mal mit einer Tasse Tee in den neuen Schaukelstuhl, den ihr Johannes geschenkt hat, nachdem er von der Schwangerschaft erfahren hat. Sie solle die Zeit noch genießen, sich so oft wie nur möglich zurücklehnen, entspannen oder ungestört ein gutes Buch lesen. „Wer weiß, wann das wieder möglich sein wird, womöglich erst in 18 Jahren!", so scherzte ihr Mann. Doch in diesem Moment findet Anna keine Ruhe, da hilft auch kein Tee namens *Innere Balance*. Die Schilderungen von Lenas Mutter haben nicht nur ihre Erinnerungen aufgewühlt, sondern sie auch emotional sehr bewegt. Anna geht aufs Ganze. Sie möchte Lena – oder Madeleine – mit ihrem Anruf überraschen und sie erreichen, noch bevor ihr die gute Frau Lehmann zuvorkommt.

„Âllo, qui est à l'appareil?" meldet sich eine entzückende junge Frauenstimme in wunderschönem Französisch.

Annas Herz rast, und jetzt rührt sich auch die Kleine in ihrem Bauch: „Hi, ich bin es, Anna aus St. Gallen!"

„Anna, du bist es! Die Vorwahl ist mir schon bekannt vorgekommen, aber ich hatte ja keine Ahnung. Woher hast du meine Nummer? Wow, ich finde es großartig von dir, dass du den ersten Schritt machst. Ich war wohl nie mutig genug. Freut mich wirklich sehr. Erzähl, wie geht's dir? Ich weiß nur von Mama, dass du schwanger bist, sie weiß ja immer über alles in St. Gallen Bescheid!" zeigt sich Madeleine, die zu Annas Zufriedenheit das *Schwyzerdütsch* keineswegs verlernt hat, spürbar erfreut. Dass ihr Anruf keinen Überraschungseffekt vermissen lässt, ist für Anna ein kleiner Triumph. Sie hätte schwören können, dass Frau Lehmann nach ihrem Telefonat keine Sekunde lang zögern würde, um zum Hörer zu greifen.

So kommt es, dass die beiden jungen Frauen sich gegenseitig Episoden aus ihrem Leben erzählen. Als hätten sie es im Stillen vereinbart, lässt Madeleine Anna den Vortritt. Dass das Gespräch fast zwei Stunden dauern soll, wissen die beiden zu diesem Zeitpunkt noch nicht. Zwischendurch drückt Annas Blase und sie unterbricht das Telefonat, um kurz auf die Toilette zu gehen, dann ruft Madeleine zurück. Diese geht während des Telefonierens gefühlte zweihundert Mal in ihrer Wohnung auf und ab, es fällt ihr schwer, lange still zu sitzen. Im langsamen Gehen lockert sich ihre Hüfte. Madeleine genießt es, einmal mit jemand anderem als ihren Eltern in ihrer Muttersprache sprechen zu können. Sie hat den Kontakt zu ihren Freunden aus der Schweiz und den Schulkollegen aus dem Sportgymnasium verloren, da die meisten unter ihnen mit dem abrupten Ende ihrer sportlichen Karriere nicht umgehen konnten. Während der zwei Jahre, die sie nach ihrem Unfall in der Therapieeinrichtung verbrachte, schien sie schließlich vollkommen von der Außenwelt abgeschnitten zu sein. Außer ihre Eltern verbindet sie eigentlich nichts mehr mit der Schweiz, umso mehr fühlt sich das Gespräch mit Anna nun wie ein willkommener Ausflug in ihre Heimat an. Es ist angenehm kurzweilig, Annas Gesprächsfluss zu lauschen, eine wohltuende Abwechslung.

Anna wiederum ist froh, dass sich jemand so detailliert nach ihrem Leben erkundigt und ernsthaftes Interesse zeigt. Sie spricht gerne darüber. Während sie ihrer alten Freundin das ein oder andere Erlebnis schildert, erinnert sie sich wieder an bestimmte Menschen, an Kleinigkeiten, an die sie selbst lange nicht mehr gedacht hat, besonders ihre Männerbekanntschaften werden wieder in ihr wach. Während sich Madeleine diesbezüglich bedeckt hält und nur hier und da an Annas Erzählungen anknüpft, schmückt diese ungeniert viele Lebensabschnitte mit den dazugehörigen Beziehungen zu Männern aus.

„Eine Schwangerschaft birgt wohl eine gewisse Endgültigkeit in sich und in punkto Männern hat es sich nun wohl ausgeträumt", scherzt Anna.

Kommentarlos erkundigt sich Madeleine nun nach Annas beruflichem Werdegang, worauf Anna zu erzählen beginnt: „Nach der Matura habe ich meinen Führerschein gemacht und vorübergehend als Kellnerin in einem kleinen Café in St. Gallen gejobbt." Die Wertschätzung, die Madeleine diesem Beruf anschließend in ihren Ausführungen entgegenbringt, treibt Anna kurz die Schamesröte ins Gesicht. Mit diesen Augen hat sie das Kellnern noch nie betrachtet.

Hastig fährt Anna fort: „Nachdem ich mir lange nicht sicher war, wie ich mich beruflich ausrichten sollte, habe ich mich schließlich dazu entschieden, nach Tirol zu ziehen, um in Innsbruck an der Leopold-Franzens-Universität Lehramt zu studieren. Französisch und Italienisch. Aber bitte – mir ist es sehr recht, wenn wir uns weiter in unserer Muttersprache unterhalten!" Anna befürchtet nämlich, dass sie trotz ihrer Französischkenntnisse lange nicht so fließend spricht wie Madeleine. Anna nimmt Madeleine die nächste Frage aus dem Mund: „Warum nach Innsbruck, willst du sicher wissen? Mein Cousin Thomas wohnt dort mit seiner Freundin. Er studierte damals im ersten Semester Wirtschaftsingenieurwesen. Wahrscheinlich studiert er immer noch. Er schwärmte immer von der schönen Studentenstadt im Herzen der Tiroler Alpen, ich bekam Lust auf Veränderung und wollte von zu Hause weg. Mit seiner sympathischen Freundin, die gerade dabei war, ein Buch zu schreiben, freundete ich mich sofort an. Die beiden halfen mir, eine kleine Garçonnière zu finden, ich lebte mich gut ein, und die Studienzeit machte mir extrem viel Spaß. Irgendwann stellten sie mir einen gemeinsamen Freund vor, Paul, Single. Es war offensichtlich, dass die beiden uns verkuppeln wollten, und schließlich hatten sie auch Erfolg. Drei Jahre lang war ich mit Paul zusammen, doch als es darum ging, nach Abschluss meines Studiums gemeinsam in die Schweiz zu ziehen, stellte sich unsere Liebe leider nicht als groß genug heraus. Zurück in St. Gallen, fand ich meine Erfüllung schließlich im Beruf der Eventmanagerin."

Madeleine wirft zu Recht ein, warum Anna dann am Institut für Romanistik studiert hätte. Mit diesem Einwand rechnend, antwortet Anna: „Das Leben spielt oft anders, als man denkt!" – Ja, das wisse Madeleine nur zu gut! – und Anna fährt fort: „Gerade, als ich dabei war, mich an einigen Realschulen zu bewerben, half ich einer Freundin aus einer Notlage und unterstützte sie dabei, einen Kongress in Zürich zu organisieren. Dabei musste ich Unterkünfte suchen, Zimmer reservieren, Vorbereitungen am Veranstaltungsort treffen und vieles mehr. Es gefiel mir, und ich entdeckte ein gewisses Organisationstalent an mir. Ich schlitterte da irgendwie so rein, und meine beruflichen Interessen änderten sich schlagartig. In Eigenregie und einer Art Selbststudium eignete ich mir die Grundlagen der Betriebswirtschaften, mein Know-how in Budget und Finanzen und Kenntnisse in Sachen Sponsoring an. Schließlich organisierte ich auch ohne das klassische Eventmanagement-Studium Veranstaltungen und Kongresse aller Art. Anstatt in St. Gallen zu unterrichten, kam ich Landei ein bisschen rum in der Welt, zumindest in Europa: London, Frankfurt, Barcelona. Ich lernte dermaßen viele interessante und hochintelligente Menschen kennen. Unglaublich. Die Fremdsprachen Italienisch und Französisch kamen mir hier sehr zugute, weißt du?“

Als Anna unter anderem auch die Problematik mit manchen Cateringfirmen anspricht, greift Madeleine das Thema begeistert auf, um in höchsten Tönen von Milos Fingerfood-Spezialitäten zu schwärmen. Überhaupt bringe sie das jetzt auf einen Gedanken, den sie ihrem Chef Milo sofort unterbreiten müsse. Anna kann sich nun langsam denken, was Lenas Mutter mit ihrer Andeutung am Telefon meinte, es scheint wirklich so, als ob Madeleine und der Chef des Bistros, in dem sie arbeitet, eine sehr innige Beziehung hätten. Doch sie fragt nicht nach. Obwohl sie ihr im Grunde genommen fremd sein müsste, fühlt sich Anna durch die Erlebnisse, die sie beide miteinander teilen, und das ehrliche Interesse, das Madeleine ihr entgegenbringt, derart mit ihr verbunden, als wäre der Kontakt zwischen ihnen nie abgebrochen. Madeleine, in sich ruhend und aufmerksam, scheint viel selbstbewusster als die Lena von damals. In ihren Grundzügen erkennt sie die Freundin von früher. Das macht sie glücklich. Wenn ihr Madeleine Näheres zu Milo erzählen wollte, würde sie das schon tun. Sie muss ihr nur den nötigen Freiraum dazu geben.

Was sie selbst betrifft, so lässt sich Anna allerdings nicht davon abbringen, mehrere ihrer „Kurzgeschichten“ anzubringen, wie sie die weniger dauerhaften Beziehungen zu Männern oder kurze Schwärmereien zu nennen pflegt.

„Einmal bin ich mit einer Freundin nach Venedig gereist, wo ich mich Hals über Kopf in einen Italiener verknallt habe, Giorgio, seines Zeichens Gondoliere und extrem gut aussehend. Wenn du wüsstest, was für ein Affentheater wir veranstaltet haben, nur damit wir seine Gondel erwischen konnten. Naja, leider war es hoffnungslos. Er war verheiratet. Wir flirteten, was das Zeug hielt, trafen uns in verschiedenen Bars und führten verführerischen Small Talk auf Italienisch. Bis auf ein paar flüchtige Begrüßungs- und Abschiedsküsse lief leider nichts. Die Tatsache, dass Giorgio seiner Frau treu blieb, machte ihn für mich nur noch liebenswerter. Ein Urlaubsflirt, mehr war es im Nachhinein betrachtet nicht.“

Madeleine, die nun endlich erfahren will, wer der Vater des Kindes ist, erkundigt sich nach Annas Ehemann. Die Tatsache, dass Anna verheiratet sein müsse, wenn sie schwanger sei, setzt Madeleine dabei voraus. So gut kennt sie ihre Freundin noch. Sie will wissen, wo sie ihn kennengelernt habe und wie lange sie schon zusammen seien. Also erzählt Anna von einem Wellnessurlaub von vor acht Jahren. Anna und zwei ihrer Arbeitskolleginnen verbrachten fünf Tage im schönen Südtirol. Der Kurzurlaub war Annas Idee, sie brauchte Erholung, denn ihr Job war sehr arbeitsintensiv und verlangte ihr trotz der Freude und Erfüllung, die er ihr bereitete, viel ab. Ein Mann hätte damals zur Abwechslung keinen Platz in ihrem Leben gehabt. Um es spannend zu machen, spricht Anna zunächst vom entspannenden Beautyprogramm, schwärmt insbesondere von Lucia, der Kosmetikerin, „deren Treatments mit einer normalen Gesichtsbehandlung rein gar nichts mehr zu tun hatten“, und erzählt von Simone, der damals schwangeren Masseurin, mit der sie sofort auf einer Wellenlänge war und bis heute noch in Kontakt stehe. Scheinbar beiläufig erwähnt sie die Weinverkostung, zu der sich die drei neben einer geführten Wanderung und einer Stadtführung angemeldet hatten. Als Anna den Namen Johannes in ihren Schilderungen das erste Mal ausspricht und den groß gewachsenen und attraktiven Sommelier beschreibt, der durch diesen Abend führte, nimmt Madeleine sofort wahr, dass Ruhe und Zufriedenheit an die Stelle ihres so rasanten Erzählmodus treten. Madeleine bemerkt die kleine Atempause, die Anna einlegt, als warte sie auf einen Trommelwirbel, bevor sie in ihrer Erzählung zu einem Ende kommt: „Tja, Johannes, der Sommelier, arbeitet heute in einem Fünfsternehotel in St. Gallen, hat mich geheiratet und wird bald Vater. Das wäre die Kurzfassung meines Lebens. Nun, da ich die Welt gesehen habe, kann ich wieder zum Landei werden und alle Klischees erfüllen: Vater, Mutter, Kind, ein Haus im Heimatort – nicht besonders spannend!“

Auch wenn Anna ihre jetzige Lebenssituation als so spießbürgerlich abtut, spürt Madeleine einen gewissen Stolz in ihrer Stimme. Sie hat das Gefühl, Anna ist in ihrem Leben angekommen und sehr glücklich. Anna vertraut ihr im Weiteren an, dass sie ihre Tochter ziemlich wahrscheinlich auf den Namen Lena taufen werde, und dass dies, wenn sie so recht überlege, der eigentliche Grund sei, warum ihr ihre Freundin wieder eingefallen sei.

Anna muss plötzlich an die Freundin ihres Cousins Thomas denken, die in ihrem Buch über Wesenheiten schrieb, die auf die Welt gesandt werden, um die Menschen in eine neue Bewusstheit zu führen. Kann es sein, dass diese „Sternenkinder“ bereits lange vor ihrer Geburt einem höherem Zweck dienen? Als Anna dieses Gefühl von Schicksal, Bestimmung, universaler Verbundenheit – wie auch immer man es nennen mag – verdrängen will, verstärkt Madeleine dieses jedoch, als würde sie Annas Gedanken lesen: „Dann hab ich das ja deiner ungeborenen Tochter zu verdanken, dass wir endlich wieder Kontakt zueinander gefunden haben!“ und fährt fort: „Ach, Anna, es ist, als hätten wir uns gerade gestern gesehen. Kommt es dir nicht auch so vor?“

Es liegt wohl an der Schwangerschaft, dass Anna in allem eine Art Fügung vermutet. Sie wundert sich, wie wach ihr Gedächtnis ist, als ihr plötzlich Karin Wagner einfällt, eine Referentin des Kongresses, den sie damals in Zürich mitorganisiert hat, und die ihr nicht nur wegen ihres lobenden Feedbacks in Erinnerung geblieben ist. Diese Frau hat sie fasziniert. Also antwortet sie Madeleine schließlich auf ihre Frage, indem sie Karin Wagner sinngemäß zitiert: „Es gibt Menschen, die einen ein Leben lang begleiten, Menschen, die nur eine Zeit lang wichtig für uns sind oder auch nur für ein oder zwei Tage unseren Lebensweg kreuzen. Und dann gibt es die, mit denen wir das ganze Leben hindurch wie durch einen unsichtbaren Faden verbunden sind. Auch wenn wir sie physisch nie oder nur selten sehen, ist da immer diese Vertrautheit.“

Madeleine nickt im Stillen, und als ihr bewusst wird, dass Anna das nicht sehen kann, fügt sie schnell hinzu: „Wie Recht du hast!“

Nun ist Madeleine an der Reihe. Zwischendurch, als sie in Annas Schilderungen Parallelen zu ihrem Leben entdeckte oder Anna sie auf eine Idee brachte, teilte sie sich mit, sodass Anna bereits gewisse Eckpfeiler des Lebens ihrer Freundin ausmachen konnte. Anna wundert es schließlich keineswegs, dass Frau Lehmann das Leben ihrer Tochter vollkommen anders dargestellt hat. So freudig aufgeregt sich Maddie – inzwischen nennt auch Anna sie bei ihrem Spitznamen – anfangs am Handy gemeldet hat, so ruhig ist ihre Stimme jetzt. Anna hat das Gefühl, als hätte sie nun die Sicherheit und das nötige Vertrauen gewonnen, um auch Episoden aus ihrem Leben näher auszuführen. Anders als sie selbst spricht Maddie weniger von den äußeren Umständen ihres Lebens als von dem, was sich in ihrem Inneren entwickelt hat. Sie betont immer wieder die Kraft und die Selbstsicherheit, die sie durch den Schicksalsschlag gewonnen und wie sich ihre Persönlichkeit dadurch verändert hat. Viele Menschen würden sie heute für ihren Lebensmut bewundern. Allen voran Milo, den Madeleine nicht nur als den nettesten Chef der Welt, sondern auch als ihren besten Freund bezeichnet. Madeleine ist es schließlich auch, die als erste über die Qualität dieser Zeit spricht. Die Welt um Anna und Madeleine scheint im Laufe ihres Telefonats bis zu diesem Zeitpunkt still gestanden zu sein. Keine der beiden hat auch nur ein Wort über die derzeitige Krise verloren. Erst jetzt, da Anna dies bewusst wird, fragt sie Maddie, wie es ihr denn eigentlich in der gegenwärtigen Quarantäne ginge. Sie ist erstaunt, wie viele positive Aspekte Madeleine der derzeitigen Entwicklung abgewinnen kann. Überhaupt bewundert sie Maddies Einstellung zum Leben. Sie vermittelt eine derartige Zufriedenheit und Gelassenheit, dass sich Anna gerne ein Stück davon abschneiden würde. Naja, zugegeben, seit ihrer Schwangerschaft macht auch sie Fortschritte in Sachen innere Ruhe. Madeleine erklärt Anna weiter, dass die Zeit nach ihrem Unfall, die sie gerne als Brücke zwischen ihrem alten Leben als Lena und ihrem neuen Leben als Madeleine bezeichnet, zu einer neuen Sichtweise des Lebens geführt hat. Zudem ist aber vor allem die derzeitige Quarantäne Auslöser für eine Veränderung in ihr gewesen. Sie ist zufrieden mit den kleinen Dingen des Lebens, sie schätzt die Einfachheit ihrer Arbeit im *Chez Milo* und ist dankbar für den Respekt, den ihr nicht nur ihr Chef, sondern auch ihre anderen französischen Freunde und viele Gäste des Bistros entgegenbringen. Sie lebt bewusster und genießt es, von ihren Mitmenschen genauso akzeptiert zu werden, wie sie ist. Niemand, schon gar nicht sie selbst – so gewinnt Anna den Eindruck – trauert ihrer Skikarriere nach. Je mehr Madeleine über ihre Freunde und besonders über Milo erzählt, desto mehr begreift Anna schließlich, dass die romantischen Gefühle, die sie gerne in dieses Verhältnis hineinprojiziert hätte, allein ihrem Wunschdenken entsprungen sind. Nein, Maddie sieht in ihrem Chef einen wirklich guten Freund und nicht mehr. Da hat sich wohl auch ihre Mutter getäuscht. Madeleine misst so vielen Kleinigkeiten in ihrem Leben Bedeutung bei, wie Anna es noch bei keinem anderen Menschen erlebt hat. Sie schwärmt von ihrem Yogazimmer wie ein anderer von seinem nagelneuen Rolls Royce, und der Park, in dem sie sich am liebsten mit ihren Freundinnen trifft, scheint für sie der schönste Ort auf Gottes Erden zu sein. Sie schenkt sich selbst Anerkennung, indem sie sich jeden Tag etwas Gutes tut, auch wenn es nur die Zubereitung ihrer Lieblingsspeise ist. Je länger sie Madeleine zuhört, umso mehr kommt Anna in den Genuss dieser dankbaren, zufriedenen und wertschätzenden Lebenseinstellung. Wieder streicht sie sich mit der flachen Hand über ihren Bauch und atmet tief durch. Das Baby boxt ihr sanft gegen die Bauchdecke, als wolle es ihr beipflichten.

Einmal, so hat sie den Eindruck, gewinnt Maddies Stimme ein Quäntchen mehr an Herzlichkeit und Wärme: Sie erwähnt eine ganz bestimmte ihrer Freundinnen. Camille. Und die Art und Weise, wie sie von ihr spricht, lässt Anna schließlich ahnen, wieso sie während des gesamten Telefonats aus Maddie keine Männergeschichten herauslocken konnte. Wieder bewegt sich etwas unter ihrem Herzen. Die ungeborene kleine Lena scheint Madeleine bereits zu mögen.

Gute sechs Jahre später …

Anna und Madeleine stehen inzwischen trotz der räumlichen Distanz in engem Kontakt. Sie skypen und telefonieren regelmäßig und teilen weiterhin viele Erlebnisse miteinander. Eines der spektakulärsten war natürlich Lenas Geburt. Madeleine ließ es sich nicht nehmen, einen Monat später in die Schweiz zu reisen, um Anna und ihr Baby zu besuchen. Zur großen Freude ihrer Eltern.

Inzwischen kommt Madeleine drei- bis viermal im Jahr nach St. Gallen, um ihre Eltern und ihre alte Freundin zu besuchen. Lena, ihre ursprüngliche Namensgefährtin, ist inzwischen zu einem aufgeweckten, lebendigen Mädchen mit langen roten Zöpfen herangewachsen. Nicht nur Madeleine erkennt in ihr immer wieder ihre Anna von früher.

Auch die Eigenschaft, sich immer wieder eine Haarsträhne hinters Ohr zu streichen, wenn sie sich beobachtet fühlt, scheint sie von ihrer Mutter geerbt zu haben. Lena liebt die „coole Tante Maddie" aus Paris. Sie kann es bereits kaum erwarten, nächstes Jahr gemeinsam mit ihrer Mutter in Frankreichs Metropole zu reisen. Endlich ist sie alt genug, um einmal in Maddies Welt zu tauchen, von der sie schon so viel gehört hat. Lena vergöttert die Lieblingsfreundin ihrer Mutter – und das nicht nur wegen der außergewöhnlichen Geschenke, die Madeleine immer aus Paris mitbringt.

Auch diesmal hat Maddie ins Schwarze getroffen. Anna bewundert im Stillen, dass ihre Freundin, die ja selbst keine Kinder hat, immer genau weiß, womit sie Lena eine Freude bereiten kann. Lena löst ungeduldig die rosa Schleife des Geschenks und zerreißt das getupfte Seidenpapier, um schließlich einen relativ großen Bildband in ihren Händen zu halten. Sie grinst übers ganze Gesicht und schlägt neugierig das Buch auf. Den immer linksseitig gedruckten Text – angepasst an den Wortschatz einer Sechsjährigen – nimmt sie gar nicht wirklich wahr. Sie bestaunt vielmehr die comicartigen Zeichnungen auf den rechten Seiten des Buches. All die farbenfrohen und lustig gezeichneten Umrisse und Skizzen, die irgendwie fremdartig und anders wirken als die Zeichnungen, die sie aus ihren Bilderbüchern kennt, ziehen Lena sofort in ihren Bann. Als würden sie ohne Text oder Sprechblasen auskommen, erzählen die Abbildungen dem jungen Leserpublikum ganz eigenständig ihre Geschichte.

Was für Lena zwar unwichtig ist, soll an dieser Stelle jedoch nicht unerwähnt bleiben: Das Buch trägt den Titel

Die Blumenwiese, übersetzt aus dem Chinesischen, mit Illustrationen von Xia Wang.

Kleine Selbstreflexion

Zunächst einmal: „Danke Quarantäne!“ So viel Zeit, die mir plötzlich zur Verfügung stand – und das ohne ein schlechtes Gewissen zu haben! Die erwachten Acht haben bereits ihre Freude daran gefunden. Ich tue es ihnen gleich. Sie sprechen mir aus der Seele! Endlich habe ich mir die Freiheit gegönnt, meinem Herzenswunsch zu folgen und einmal „etwas Längeres“ zu schreiben. Dafür bin ich dankbar und das macht mich glücklich. Wieder etwas Positives, das ich der aktuellen Schwingungserhöhung der Erde abgewinne. Bestätigt wird auch meine Annahme, dass in der Außenwelt erst etwas geschehen muss, dass auch ich mir erlaube, mir einen Traum zu erfüllen.

Ein großes Dankeschön an viele der mir so nahestehenden Menschen, die mich immer unterstützen und mich verstehen, auch wenn ich mich mal wieder ins Bewusstsein der Trennung verirrt habe – auch das hat ja schließlich seine Berechtigung! Alles darf sein!

Apropos Trennungsbewusstsein, duales Denken und Dreidimensionalität: Das Schreiben ist im Grunde genommen – das wurde mir währenddessen immer mehr bewusst – auch eine Art, allem einen Namen zu geben, Dinge aufzulisten, zu ordnen, dem Ausdruck zu verleihen, was ich bin, woran ich glaube und was mich ausmacht. Es ist einerseits eine kopflastige Tätigkeit, und doch war ich sehr viel in meinem Herzen, ich ließ es geschehen und hatte keine Ahnung, welche Form das alles annehmen würde. Ich schrieb in erster Linie für mich, für den Moment.

Das Schreiben hat mir enorme Sicherheit und eine Tagesstruktur gegeben – in welchem Ausmaß, das wurde mir erst bewusst, als ich die ersten 50 Seiten beim Anhängen an eine Mail versehentlich löschte. Mein Herz schlug bis zum Hals. Es war, als hätte man mir die Seele aus dem Leib gerissen, und ich verstand nicht, dass ich diesem äußeren Umstand gestattete, eine derartige Macht über mich und meine Laune zu haben. Ich war also kurz mein eigener Beobachter und musste mit einem Schmunzeln zugeben, dass es nicht immer leicht ist, das Glück völlig unabhängig vom Außen zu betrachten. Nach einer kurzen, bewussten Phase des Ärgerns über mich selbst und einem Tag berechtigter „Frustpause“ hab ich mich dazu entschlossen, weiterzuschreiben bzw. noch einmal von Neuem zu beginnen.

Großes Dankeschön

Danke, lieber Daddy, dass Du mich beruhigt hast, als die ersten Seiten nicht mehr zu retten waren, und mir den Sinn hinter allem in Erinnerung gerufen hast, als Du meintest: „Auf diese Weise kann etwas noch viel Besseres entstehen!“ Wie Recht Du hattest! Danke, dass Du immer für mich da bist und hinter allem stehst was ich mache!

Auch meinen drei Lieblingsmädels gebührt Dank:

Ich beginne mit Simone, die der Meinung war, „… dass die verlorengegangenen Seiten sicher noch in meinem Herzen gespeichert und sofort abrufbar sind.“ Danke Dir für Dein Herz, Deine Ohren, Deine kreative Kritik, Deine morgendlichen Eingebungen und die noch schnell verfasste Autorenvita. So viel mehr Fluss durch Dich!

Danke, liebste Karin, für Deine ehrliche Begeisterung und Dein Interesse für alles, was ich mache. Ich habe immer das Gefühl, Du glaubst an mich.

Danke an meine langjährige Freundin Stefanie. Dir ist vielleicht nicht bewusst, dass Du entscheidend mitgewirkt hast, herauszufinden, was ich eigentlich will mit all dem Geschriebenen.

Ihr drei seid wie Familie für mich! Ich liebe Euch!

Ein riesengroßes Danke an meine Mom, meine S(im)onne, die permanent „so hoch schwingt“, dass es mir manchmal den Atem verschlägt, und die mich immer wieder mit zarten Hinweisen, einer göttlichen Leichtigkeit und dieser bedingungslosen, mütterlichen Liebe auf die nächst höhere

Ebene beamt. Ohne Dich würde es dieses Buch nicht geben. I love you!

Danke, Bernhard, mein nicht nur Quarantänepartner, der mit mir eisern die Komfortzone teilt und es auch versteht, mich immer wieder geschickt aus ihr herauszulocken. Es ist und bleibt spannend, mit Dir zusammenzuleben. 100 Punkte für Deine Geduld, wann immer ich „Computergenie" die Nerven verloren habe.

Danke Euch allen für den wertvollen Meinungsaustausch zur aktuellen Entwicklung und zum Thema Bewusstseinswandel, der mir immer wieder half, meine Ideen auszubauen, meine Ansichten kritisch zu hinterfragen und neue Impulse für mein Buch zu sammeln.

Ein spezielles Dankeschön möchte ich Herrn Daniel Bieter ausdrücken. Da ich nicht an Zufälle glaube – sind diese in meinen Augen wohl eher ein Weg Gottes, anonym zu bleiben –, sollte es so sein, dass ich beim Googeln den Rediroma Verlag entdeckte. Auf den Tag genau ein Jahr nachdem ich mit dem Schreiben des Buches begonnen habe, war ein Telefonat mit Herrn Bieter der Startschuss für den Weg meines Manuskriptes in die Öffentlichkeit. Danke für Lektorat, Ihr Feedback, Ihre Geduld und die Zusammenarbeit, die ich immer als sehr angenehm empfand.

Danke Dir, liebe Angelika. Du hast mir so schnell und spontan aus der Patsche geholfen. Dein Bild ist mir für die Bedeutung dieses Buches sehr wichtig.

Last but not least möchte ich Dir, lieber Leser, ein herzliches Dankeschön aussprechen. Du bist es, der das vorliegende Buch zum Leben erweckt. Liest Du in diesem Moment diese Zeilen, so freue ich mich sehr, dass Du Dich auf diese Reise eingelassen und vielleicht bereits Gefallen daran gefunden hast, in einem neuen Bewusstsein zu schwingen. Ich bin mir sicher, dass Dich die eine oder andere Erfahrung der erwachten Acht im Herzen erreicht hat. Hat Dich die Intensität und die Leichtigkeit, mit der sie leben, auch nur ein kleines bisschen angesteckt, so übertrifft dies bereits all meine Wünsche. Ich freue mich, dass du wachsam, interessiert, neugierig und voller Vertrauen durch Dein Leben gehst. Ich wünsche Dir, dass Du lebst, liebst, genießt und dabei immer Deiner inneren Wahrheit folgst.
Kreiere Dir Deine Träume. Gehe Deinen Weg!
Und vergiss nicht: *Das Beste ist gerade gut genug!*

Quellen

Es ist auch ein Zeichen der neuen Zeit, dass faktisch kein Buch mehr zu zitieren ist und alle Wissenslücken über das kleine digitale Ding namens Handy und das große, weite Netz, Mister Google, Wikipedia & Co zu füllen sind. Danke, Internet!

YouTube-Videos oder Livestreams haben mich inspiriert und mich auf neue Ideen gebracht. Darunter fanden sich Vorträge von Esther Hicks zum Gesetz der Anziehung, dessen Kernaussage in meinem Leben schon mehrmals Bestätigung fand und zum Teil auch mein Weltbild prägte.

Unterstützend hinsichtlich meiner Wortwahl war die von Deepak Chopra angeleitete 21-tägige Meditation zum Fülle-Bewusstsein, die ich während des ersten Lockdowns ausübte.

Silke Schäfer, Autorin des Buches *Raus aus der Angst* und neben meiner Mutter meine Lieblingsastrologin – die beiden gleichen sich sogar in Mimik und Gestik –, fasziniert mich immer wieder und gab mir die nötige Sicherheit beim Schreiben mancher Kapitel. Ich kann mich mit allem, was sie sagt, vollends identifizieren. Spannend auch Silke Schäfer im Livestream mit Adriana Meisser (Channel des aufgestiegenen Meisters St. Germain). Ihr beide sprecht mir aus der Seele und seid ein so sympathisches Duo!

Die Theorie zu den *Fünf Säulen der Identität* nach H.G. Petzold entstammt größtenteils meinen Schulungsunterlagen der Ausbildung zur Lebens- und Sozialberaterin am *Institut für Integrative Bildung SYMPAIDEIA*, Innsbruck. Das Modell des deutschen Psychologen dient mir seither in sämtlichen Lebenslagen als gutes Werkzeug in der Begegnung mit anderen Menschen.

Für die korrekten Begriffserklärungen / Übersetzungen von *Mantra, law of attraction* und *nomen est omen* griff ich auf Wikipedia zurück. (https://de.m.wiktionary.org)

Die Charaktere der fiktiven Protagonisten, die größtenteils Namen meiner Herzensmenschen tragen, haben aus Datenschutzgründen jedoch nichts mit ihren echten Namensträgern zu tun. Ich habe in jede der acht Geschichten Elemente aus meiner eigenen Biografie sowie persönliche Lebenserfahrungen und einige meiner Wünsche und Träume eingebaut.

Indirekte Zitate

[1]vgl. https://www.psychotipps.com: *„Was würden glückliche Menschen nie tun?“*, Dr. Rolf Merkle, Psychotherapeut

[2]vgl. https://www.seelenwissen.com/lexikon: *„Seele, Ego & Co“*, Andrea Leitold

[3]vgl. YouTube (Rauschkunde), 27.05.2019: *„Die Stufen des Bewusstseins“* nach David R. Hawkins

[4] vgl. http://www.therapiedschungel.ch: _saeulen_der_identitaet.htm

[5]vgl. YouTube: 08.03.2020 [short cut]: *„Authentische Power streut Liebesviren!“*, Silke Schäfer

[6]vgl. https://medium.com>: *„the-21-day-abundance-meditation-challenge-with-Deepak-Chopra“*, von Deepak Chopra angeleitete 21-tägige Meditation zum Fülle-Bewusstsein

[7]vgl. https://www.bmi.gv.at: Veröffentlichung der Begründung zur Einleitung des Verfahrens für das Volksbegehren *„Bedingungsloses Grundeinkommen“* (BGE)

[8]vgl. http://www.palverlag.de>lebenshilfe-abc: Wertvorstellungen-PAL Verlag, 27.08.2020, Dr. Doris Wolf

Bildmaterial

Buchcover: Pexels: Free Stock Photos, Images
https://images.app.goo.gl/NEFKNQmPnKKqDE2B7
Foto 1: von privat, Karin Höpperger
Foto 2: von privat, Bernhard Pfeifer
Foto 3: von privat, Irene Gartner
Foto 4: Pexels: Free Stock Photos
https://unsplash.com/photos/505eectW54k
Foto 5: Pexels: Free Stock Photos
https:/www.pexels.com/photo/woman-in-brown-sun-hat-holding-sunflower-1374427
Bild 6: Angelika Zak
Bild 7: Esoteric Stock Photos, Images
https://images.app.goo.gl/CZv2NMrvwdysvCug9
Foto 8: Pexels: Free Stock Photos, Images
https://images.app.goo.gl/NEFKNQmPnKKqDE2B7

Autorenvita

Irene Gartner wurde 1976 in Hall in Tirol geboren.

Immer schon hat das Zusammenspiel von Innen & Außen, von Oben & Unten ihren Lebensweg gekennzeichnet. Zahlreichen Ausbildungen im Wellness-, Sport- und Kosmetiksektor folgte der Lehrgang zur diplomierten Lebens- und Sozialberaterin. Seit vielen Jahren begleitet sie Menschen in einem gemeinnützigen sozialen Verein und ist hauptberuflich in der Kosmetikbranche tätig.

In ihrem Erstlingswerk verbindet sie äußeres Sein, Erscheinen und Wirken mit einer tiefen inneren Wahrheit und erfüllt sich somit einen lang gehegten Traum.

Die Autorin lebt mit ihrem Partner in Schwaz in Tirol. Ihre Freizeit verbringt sie am liebsten in der Natur und beim Sport in den Bergen ihrer Heimat.